BOURSICOTIÉRISME

ET

LORETTISME

OU

FLIBUSTERIE, VICE ET PARESSE

Étude de mœurs parisiennes

PAR

LE JUIF-ERRANT

Peste soit la peste, puisqu'il faut
l'appeler par son nom,

LAFONTAINE.

Prix : **50** centimes.

PARIS

<table>
<tr><td>A LA BIBLIOTHÈQUE HISTORIQUE
DU JUIF-ERRANT
22, rue de Buffault, 22</td><td>A LA PAPETERIE ADMINISTRATIVE
DE A. WUNSCH
9, rue Drouot, 9</td></tr>
</table>

1858

BOURSICOTIÉRISME

ET

LORETTISME.

Paris. — Imp. CARION, rue Bonaparte, 64.

BOURSICOTIÉRISME

ET

LORETTISME

OU

FLIBUSTERIE, VICE ET PARESSE

Étude de mœurs parisiennes

PAR

LE JUIF-ERRANT

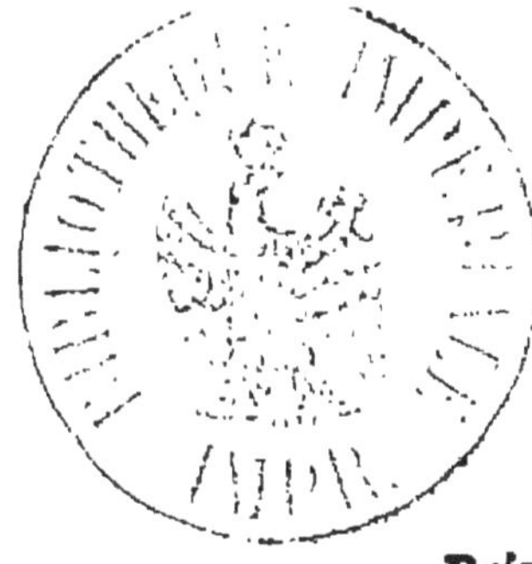

Peste soit la peste, puisqu'il faut
l'appeler par son nom.

LAFONTAINE.

Prix : 50 centimes.

PARIS

À LA BIBLIOTHÈQUE HISTORIQUE   À LA PAPETERIE ADMINISTRATIVE

DU JUIF-ERRANT   DE A. WÜNSCH

22, rue de Buffault, 22   9, rue Drouot, 9.

1858

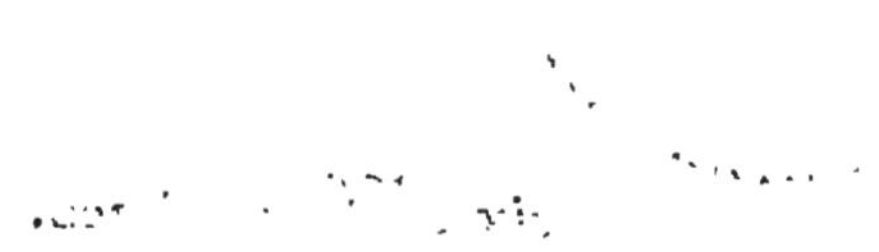

INTRODUCTION

Une introduction est ordinairement une œuvre capitale, où l'auteur donne, pour ainsi dire, la quintescence du sujet qu'il va traiter, ou tout au moins l'analyse de ce qu'il va dire. Sous ce point de vue, une introduction est quelquefois une œuvre de mérite, toujours utile et bonne à lire. Mais, pour nous, humble Juif-Errant, qui, faute d'esprit, ne saurions avoir la prétention, ni même seulement l'intention de faire de notre livre tout entier une œuvre capitale, la présente introduction nous servira tout simplement d'huissier d'antichambre, pour annoncer à nos lecteurs qui nous sommes et ce que nous voulons. Car il n'est pas poli, même en carnaval, d'entrer dans un salon, un masque au visage, sans que le maître de céans sache au moins qui vous êtes.

Lecteurs, nous sommes le JUIF-ERRANT. Et ce nom, si populaire depuis dix-huit siècles, nom toujours vivant et toujours maudit, n'est point un de ces mille masques que prennent les lâches pour dire impunément de dures vérités. Nous n'avons d'ailleurs nul intérêt à déguiser un nom qui a toujours tenu haut et ferme le drapeau de son opinion, et qui ne l'a jamais abaissé devant aucune erreur ni traîné parmi les souillures de la terre. — Mais qu'est-ce donc, direz-vous, que ce mystérieux pseudonyme, si ce n'est un masque ou une fantaisie d'écrivain? — Un masque, une fantaisie d'écrivain! Lecteurs, c'est quelque chose de plus grand et de plus noble dans notre pensée: nous vous le dirons peut-être un jour, en vous racontant sous forme d'histoire une longue existence d'homme. Qu'il vous suffise de savoir aujourd'hui que celui qui n'a point pris de masque pour défendre la vérité, toute vérité, entendez-vous, ne saurait en prendre un ici pour flageller le vice. JUIF-ERRANT, voilà qui nous sommes; ce que vient vous dire notre livre, le voici :

Deux plaies, deux lèpres ou deux pestes, comme il vous plaira de les appeler, ravagent les populations de toutes nos grandes villes, mais plus particulièrement la population de Paris, cette reine de toute civilisation, ce flambeau de toute lumière, disent les poëtes, mais aussi cet égoût de toute débauche, cet antre de toute spéculation, ajoutent les moralistes : nous avons nommé l'agiotage et le libertinage, c'est-à-dire le Boursicotiérisme et le Lorettisme, ou en d'autres termes la flibusterie, le vice et la paresse. La société en souffre, la famille en gémit, la morale et l'honneur en sont outragés; et c'est à peine si deux ou trois voix sérieuses se sont élevées pour protester contre cette affligeante dégradation de la conscience et des mœurs. On dirait vraiment, à voir tant d'indifférence, que nulle vertu n'est dans les âmes et que l'homme, l'homme civilisé même, est toujours cette boue dont l'a pétri le créateur.

Et pourtant est-il rien sur la terre de plus révoltant et de plus vil que le Lorettisme? Trafic honteux de chair humaine, vicieuse, mais froide spéculation de débauche, le Lorettisme n'a même pas pour excuse l'exaltation de la pensée ni l'effervescence des passions; car une Lorette, on le sait, n'aime réellement que trois choses : les plaisirs, la toilette et l'argent. Un dîner, un spectacle, un bal, une promenade en voiture, même avec un homme vieux et stupide; ou bien un colifichet, un cachemire, fût-il offert par l'affreux Bou-Maza : voilà les seules et véritables amours de la Lorette. Son cœur, même pour celui qui la paye, est toujours à l'état de champagne frappé; il pétille, il anime, il enflamme quelquefois les imprudents et les novices; mais il ne s'échauffe même pas à la flamme qu'il allume. Et quand parfois ce champagne de glace devient feu, c'est presque toujours au profit d'un homme qui la maltraite et la trompe. Du reste, on le sait, les femmes qui aiment le plus sont ordinairement celles qu'on aime le moins. L'humanité est ainsi faite. Nous n'entreprendrons pas ici d'expliquer ce mystère des cœurs; nous venons seulement démasquer le Lorettisme et flétrir le vice.

Nous venons dire à la Lorette : un abîme est sous vos pas, et, au fond de cet abîme, il y a le déshonneur pour vos familles, la misère et la honte pour vous ; il y a quelquefois aussi de poignants remords, jamais la considération et l'estime publiques. Nous venons dire encore à cette malheureuse fille d'Ève dégradée que sa condition est tellement abjecte et méprisable, qu'elle n'est plus entre les mains de l'homme, désormais son maître, qu'un servile instrument de passions, comme était autrefois la courtisane païenne, et qu'en perdant l'auréole de vertu qui doit rayonner, toujours pure et gracieuse, autour de la femme, comme la lumière rayonne autour des astres, comme un doux parfum rayonne invisible dans l'atmosphère où vivent les fleurs, elle a perdu aussi le droit d'être traitée comme l'égale et l'amie de l'homme sur la terre. Celle-là seule, en effet, est digne d'être l'égale et l'amie de l'homme, qui peut se dire libre, et il n'y a de femme vraiment libre que la femme vertueuse; la femme débauchée n'est qu'une pauvre esclave soumise aux caprices de son maître, à tous ses désirs comme à toutes ses volontés. L'une marche à côté de l'homme, comme son égale devant le monde; l'autre, l'esclave, ose à peine lever les yeux sur lui devant la femme libre. A voir ces deux femmes, on dirait deux êtres de nature et de destinée essentiellement différentes. Tant il est vrai que le vice, quelque effronté qu'il soit, est forcé de reconnaître la suprématie de la vertu et de s'humilier devant elle.

Arrêtons-nous un instant ici pour compléter notre pensée, et considérons en peu de mots quelle est la nature de la femme, quel est aussi son rôle dans la destinée et la marche de l'humanité; nous démontrerons ainsi que le vice est la seule raison d'être du Lorettisme. Créée pour être la compagne de l'homme de qui

elle a été formée, la femme est le cœur
de l'être fait à l'image de Dieu, l'homme
en est la pensée. En effet, la femme aime,
l'homme pense; la femme a la grâce et la
douceur qui charment, l'homme a la sagesse qui raisonne, l'intelligence qui mé-
dite et accomplit les grandes choses. La
femme, véritable lis parmi les ronces,
est comme une fleur du paradis égarée
sur cette planète; son corps est celui des
grâces; sa voix est suave comme celle des
anges, ravissante comme une musique
céleste ou comme le son des instruments
harmonieux; ses yeux sont plus doux que
les yeux de la colombe : on dirait la clarté
d'une aurore naissante; son cœur est un
autel où le dévouement est en perpétuel
sacrifice, et son sang lui-même devient
une précieuse nourriture pour ces admi-
rables petits anges qu'elle enfante au
milieu des douleurs et qu'elle aime si tendrement. L'homme a une puissance de
pensée, une énergie de volonté, une force
d'action qui domine tout sur la terre et
soumet tout à ses ordres; son corps, plein
de majesté, révèle un dominateur; sa voix

est comme la foudre lorsqu'elle éclate, sonore comme l'airain, vibrante comme une musique guerrière qui appelle aux combats; son regard noble et fier semble dire à toute la création : voici votre maître; son cœur est un foyer où brûlent, toujours ardentes, les grandes passions, et son sang, il le prodigue avec enthousiasme et amour pour sa compagne ou pour sa patrie. Voilà l'homme, voilà la femme, tels qu'ils sont sortis des mains du créateur, et tels qu'ils nous apparaissent encore dans la vie régulière des sociétés.

Parfois, il est vrai, l'homme se dégrade et descend par ses appétits sensuels au niveau de la brute. Mais, quand la femme se dégrade, elle descend plus bas encore que l'homme; elle descend même si bas dans la dégradation, qu'elle n'a plus ni délicatesse dans les sentiments, ni dévouement, ni amour, ni élévation dans la pensée : on dirait qu'il n'y a plus en elle que la vie matérielle, et que le corps, en se dégradant, a enlevé à l'esprit son intelligence et au cœur sa noblesse. Aussi devient-elle, comme autrefois, l'esclave et

la propriété de l'homme, qui, tout en éle-
vant sur un piédestal l'idole de ses sens,
tout en la parant de fleurs, de soie et d'or,
la couvre de mépris dans le fond de sa
pensée et ne la traite même en public que
comme une vile marchandise, trop souvent
vendue et trop facilement livrée pour
avoir droit à autre chose qu'à un vil
échange de plaisirs grossiers et de joies
matérielles.

Cette femme, esclave du vice, n'est plus,
en effet, la femme aimante et gracieuse,
belle de sa vertu plus encore que de ses
formes, telle que le créateur l'a tirée du
corps de l'homme pour être sur la terre sa
compagne et son amie; c'est un ange re-
belle et déchu qui va désormais se servir
de sa puissance d'entraînement pour préci-
piter l'homme dans une honteuse et brutale sensualité. De là tous ces drames de
cœur, toutes ces perfidies, ces délires, ces
jalousies frénétiques, ces vengeances im-
placables qui font que la terre n'est plus
pour cette femme et pour l'homme qu'elle
entraîne vers l'abîme qu'un effrayant vesti-
bule des enfers. Hélas! qui ne s'écrierait ici

avec un saint prophète : « comment en
« un plomb vil cet or si pur a-t-il été
« changé ? »

Certes, Lecteurs, le libertinage n'est pas
chose nouvelle sur la terre. Il eut autrefois
à Rome ses fameuses courtisanes, ses
saturnales et sa frénésie, et, au dernier
siècle, en France, il a eu ses roués, son
dévergondage, ses petites-maîtresses, sa
mode même et sa passion. Mais jamais la
femme qui fait métier de son corps n'avait
osé prendre, si ce n'est de nos jours, le costume et les allures de la vertu, et, sous
ces dehors trompeurs, étaler en tous lieux
son impudique spéculation. La fille de joie,
du moins, montre à découvert son ignominie et ne la dissimule pas. Elle ne sort
qu'à certaines heures, ne fréquente que
certains lieux, n'habite que certaines maisons, et même le numéro que la police lui
donne est écrit en toutes lettres sur son
front, de sorte qu'en la voyant chacun peut
se dire : c'est une prostituée.

Et pourtant qu'est-ce que la Lorette, si
ce n'est une prostituée affranchie par les
mœurs nouvelles de certaines formalités ?

La Lorette est même moins qu'une prostituée; car une prostituée ne trompe personne, et la Lorette trompe tout le monde, même ceux qui la payent. Une prostituée a souvent des amants de cœur auxquels elle se dévoue par pure affection; la Lorette n'a que des caprices de sensualité; son plaisir d'abord, ses amants après; s'ils se ruinent pour elle, tant pis pour eux; elle en prend un autre, et tout est dit. Une prostituée cache, le jour, sa honte au sein de ces horribles lupanars où croupit le vice, et, le soir même, une sorte de pudeur la retient devant la femme honnête; la Lorette, qui s'est fait un front incapable désormais de rougir, étale partout avec une incroyable effronterie sa somptueuse débauche; elle a, comme l'antique noblesse, son faubourg, son monde, ses réceptions; elle donne même la mode à la riche bourgeoise, qui ne craint pas de rivaliser avec elle d'excentricités, de folies et d'extravagances. Une prostituée, c'est le vase d'impudicité où va se désaltérer l'homme à ses heures de fièvreuse concupiscence, c'est la misère fatalement forcée de rester misère ; quelquefois aussi c'est la Madeleine mourant au monde, avant l'âge, de douleur, de honte et de repentir; mais la Lorette, c'est la spéculation sensuelle et raisonnée du vice, vendant au comptant de faciles faveurs ; c'est la paresse vaniteuse aspirant à vivre sans travail sous l'or et la soie des grandes dames ; quelquefois c'est la misère éblouie par de dangereuses séductions, mais c'est toujours la débauche vendant et revendant sans cesse son honneur de femme avec autant d'indifférence qu'un agioteur trafique en des spéculations macairiennes son honneur d'homme et de financier. Une prostituée ,enfin, ne jette pas dans les familles la discorde ni la ruine; mais la Lorette fait plus, trop souvent ,que d'y semer la discorde, elle y porte parfois le déshonneur, le désespoir et la mort. Vous le voyez donc bien, la Lorette est moins qu'une prostituée, elle est même plus dangereuse et plus vicieuse peut-être. Aussi plaint-on le sort d'une prostituée; on a même créé pour elle des maisons de refuge et de repentir; mais on se moque de la Lorette, dont les airs de grande dame n'excitent que le rire.

Dans le langage moderne, on appelle, par pudeur pour soi peut-être, une Lorette *demi-vertu*; mais cette appellation est fausse : là où régnent les sept péchés capitaux, le vice seul à sa gradation et sa mesure. Une Lorette n'est pas même un demi-vice; c'est un vice tout entier. Le mot lui-même qui la désigne n'a pas de synonyme dans le langage français; car ce mot représente tout à la fois à l'esprit l'idée de paresse, de vanité, de gourmandise, de ruse, d'insouciance et de débauche; et le mot allemand *hurr* n'implique en lui-même que l'idée d'un libertinage brutal et grossier. Quand aux expressions de *Fille de marbre* ou de *Dame au camélia*, qui servent aujourd'hui à la désigner dans le langage poétique, ces expressions signifient seulement que la Lorette est sans cœur pour les niais qui l'aiment ou qu'elle ruine, et qu'elle se vend indifféremment au premier venu, comme une fleur au marché, pourvu que l'acheteur, prince ou manant, puisse y mettre le prix.

Si nous avions donc à définir philosophiquement cette triste plaie sociale, nous dirions : — Le Lorettisme, c'est la spéculation dans la débauche ; c'est la prostitution affranchie par les mœurs nouvelles de certaines formalités de police ; c'est la paresse, la misère et la vanité cherchant à vivre somptueusement et sans travail des mystères de l'alcôve ; c'est l'impudicité se donnant des airs de vertu ; c'est la dégradation dans la civilisation même ; en un mot, ce sont les sept péchés capitaux incarnés dans le corps d'une femme.

Ce qu'il y a d'affligeant dans cette débauche de bas étage, c'est de voir des noms aristocratiques de toutes sortes et de toutes nations, des comtes, des marquis, des barons, des princes et des ducs, des noms aussi vieux que l'histoire, aussi nobles que des noms de rois, aussi renommés que la gloire, humilier publiquement la fierté de leur blason, abaisser leur vaillante bannière devant toutes ces ridicules *marquises du trottoir* et leur prodiguer follement des richesses qui seraient certainement mieux employées à

soulager les pauvres de leurs châtellenies
et à maintenir la dignité de leur rang dans
le monde.

Quand Louis XV, Messeigneurs, ou-
bliant ce qu'il devait à la haute dignité de
son nom et de sa couronne, ramassa dans
la honte une prostituée pour lui donner le
titre et le rang de favorite du roi, il l'éleva
jusqu'à lui; et, ne pouvant en faire une
vertu, Louis en fit une comtesse. Et la du
Barry, vous le savez, Messeigneurs, portait aussi bien et aussi haut sa couronne
comtale que son infamie. De nos jours encore, au grand scandale d'une noble et
fière nation, on a vu un souverain se donner publiquement pour favorite une femme
rejetée sur la terre étrangère par les égoûts
de Paris. Mais devenue comtesse et maîtresse d'un roi, Angélina ne se souvint
plus de la Lorette *rouleuse*, ni de la Lorette
soupeuse dont les écarts chorégraphiques
étaient si connus à Mabile, comme la Lorette avait depuis longtemps oublié la petite saltimbanque qui faisait jadis des
tours de force et d'adresse aux baraques
des Champs-Élysées, qui avalait des sa-

bres, mangeait des étoupes enflammées et vendait des paniers et de petits balais sur la voie publique. Cette moderne comtesse du Barry prit sa royale position au sérieux, cravacha même par ton nobles et manants, soldats et pékins, et se fit ainsi parmi ses anciennes camarades de débauche une réputation de *grande dame*. Mais à voir vos ex-cuisinières dans leurs magnifiques et immenses atours, portant paniers comme vos bisaïeules et faisant traîner dans la boue des ruisseaux la queue de leurs robes soyeuses, on dirait des coryphées de théâtre jouant maladroitement pour votre plaisir les duchesses et les marquises. Donnez-leur donc, Messeigneurs, par dignité pour votre rang, un maître de maintien : noblesse oblige.

Voilà, lecteurs, un des piquants sujets que nous traiterons dans ce livre, en nous appuyant sur des faits malheureusement authentiques; l'agiotage ou le Boursicotiérisme fera l'objet d'une autre partie qui ne sera peut-être pas la moins piquante ni la moins palpitante d'intérêt et d'actualité.

Le Boursicotiérisme, cette autre plaie,

ou peste sociale, dont nous allons dire deux mots, n'est qu'un misérable métier de larrons plus ou moins adroits. On se fait Lorette par paresse et pour avoir, sans travail, plaisirs, toilette et argent; on devient Boursicotier quand on veut tenter la fortune, et qu'on n'a pas assez d'intelligence ou trop de paresse pour être bureaucrate, épicier, commis, garde d'une voie ferrée, modeste commerçant, marchand de contremarques ou portier. De même que le Lorettisme a ses espèces et ses variétés, dont le nombre est infini, et dont la classification effrayerait le savant Cuvier lui-même, le Boursicotiérisme a aussi ses divisions, ses subdivisions et ses catégories innombrables, non pas suivant le rang qu'un agioteur occupe dans le monde, mais selon son habileté, son caractère et son genre de spéculation. L'esprit est inutile à un Boursicotier; de cœur, il n'en faut pas du tout; d'argent, on peut s'en passer au besoin; mais ce qu'il lui faut surtout et avant tout, c'est de l'audace, beaucoup d'audace et une certaine habileté de calculs et d'intrigues qui lui assure toujours un gain, même lorsque des événements imprévus peuvent lui faire subir une perte. Aussi, n'est pas Boursicotier qui veut : on naît tel, comme on naît homme d'esprit ou crétin; on ne le devient pas. Toutefois, le Boursicotier devient crétin, s'il ne l'est déjà (1).

M. Calemard de Lafayette, dont l'opinion n'est point suspecte de malveillance en fait de Boursicotiérisme, nous apprend quel genre de négociation il faut faire avec soi-même pour devenir Boursicotier : « On transige avec sa conscience, « dit-il avec une effrayante naïveté, et « l'on joue à la Bourse. » Pour nous, si nous avions à donner une recette pour composer psychologiquement un agioteur, nous la formulerions de la manière suivante : Prenez 6 onces d'habileté à la Robert-Macaire, 1 once d'intelligence ordinaire, 5 onces d'amour millionnairien concentré, vulgairement appelé l'adoration de l'écu de cent sous, 4 onces de suffisance ou parfait amour de soi-même,

(1) Toutes les notes sont à la fin du volume dans leur ordre numérique.

pilez, triturez, malaxez le tout ensemble
comme pour faire une préparation hahne-
manienne, et vous aurez un agioteur ca-
pable de vendre avec prime les actions
d'une banque d'échange entre le soleil et
la lune, et même celles d'un chemin de fer
dans la queue d'une comète quelconque,
eût-elle 32 millions de lieues ou 128 millions de kilomètres, comme celle de 1858.

Demandez à un Boursicotier combien
font deux fois deux; s'il a à recevoir, il
vous répondra sans hésiter : six. — Car-
touche et Mandrin devaient calculer de
même. — Proposez-lui de la rente, des
actions de n'importe quel chemin de fer
ou des valeurs industrielles de n'importe
quoi : au lieu d'agréer ou de refuser nettement votre proposition et d'en discuter
franchement le prix, il vous dira très-confidentiellement que l'empereur vient d'ê-
tre assassiné par un Chinois, ou bien il
cherchera à vous prouver que les cartes
vont bientôt se brouiller entre la France
et l'Angleterre à propos d'un projet de
mariage entre un fils du prince impérial
actuel et une future arrière-petite-fille du

czar Alexandre II, ou il vous racontera, sur le ton d'un Théramène attendri narrant la mort d'Hippolyte, quelque épouvantable catastrophe arrivée sur le chemin de fer américain de Paris à Saint-Cloud; où peut-être encore vous dira-t-il avec le plus grand sang-froid du monde que le fameux serin transformé jadis par la *Patrie* en un monstrueux animal anthropophage a été vu, la nuit dernière, sur le boulevard des Italiens, dévorant au café Riche, pour son dessert, deux douzaines de Lorettes et autant de financiers, sans avoir la plus petite indigestion. Et si vous donnez dans le piége que cet adroit Boursicotier tend à vos actions, non-seulement vous commettez la sottise de propager très-confidentiellement ces fausses nouvelles, ce qui donne l'alarme à la Bourse et une crise de nerfs à toutes les valeurs, mais vous en faites une plus grande encore en lui vendant vos titres, qui sont revendus le même jour, par quelqu'autre habile manége, au-dessus de leur valeur du moment. — Cela s'appelle en Boursicoterie *jouer à la baisse ou à la hausse;* mais la loi, qui ne se pique pas de politesse et qui appelle tout simplement chat un chat, qualifie d'escroquerie cette manœuvre audacieuse.

Ne dites jamais rien à un Boursicotier sous forme d'opinion; par exemple : mon rhumatisme, ma goutte ou mes cors me font souffrir aujourd'hui; il pleuvra certainement demain; car aussitôt, et sans consulter son baromètre, il vous pariera cent mille francs, qu'il n'a pas, que demain il fera soleil, ce qu'il ne sait pas plus que vous. S'il perd, il *lève le pied* et ne paye pas : la loi ne reconnaissant pas les dettes de jeu ni les paris, vous ne pourrez le contraindre à tenir ses engagements; mais s'il gagne, et que vous soyez assez... assez *loyal* pour payer, il empoche.—Les deux larrons qui furent crucifiés, il y a 1825 ans, sur le mont Calvaire, étaient bien certainement moins coupables que de tels Boursicotiers; le fameux Barrabas lui-même ne serait aujourd'hui qu'un niais à côté de nos modernes agioteurs : et encore les plus larrons ne sont pas ceux que l'on pense (2).

D'autres fois, un Boursicotier, sachant, par l'almanach officiel du Bureau des longitudes, que, demain ou dans huit jours, il grêlera en Bourgogne et en Gironde, ou qu'il tombera une pluie bienfaisante sur les vignobles de ces riches contrées, vous vendra ses actions bourguignonnes et bordelaises ou bien achetera les vôtres. Si vous achetez, vous pouvez être ruiné du coup ou *exécuté* sans miséricorde ; au contraire, si vous vendez, notre *adroit* Boursicotier réalise un bénéfice que son *habileté* vous fait perdre. Dans les deux cas, vous êtes volé : votre adversaire jouait à coup sûr ; il *voyait dans les cartes.* — Le grec, du moins, en trichant au jeu, risque sa liberté ; l'agioteur, lui, triche aussi, mais il n'aventure rien, pas même son honneur, cette sorte de filouterie étant permise par les mœurs actuelles de la Bourse, et l'honneur lui-même n'entrant que pour mémoire dans toutes les transactions de Boursicoterie.

Quelquefois encore, une douzaine de faiseurs habiles se coalisent pour centraliser l'agiotage entre leurs mains, ou, en d'autres termes, pour créer un immense tripot où ils pourront à leur aise, avec l'argent des niais, faire quelque bonne *rafle* et *débanquer*, si c'est possible, la grande et la petite Boursicoterie. Dans ce but, ils fondent, par exemple, une Société générale de crédit, œuvre éminemment *utile*, disent-ils pompeusement dans leur prospectus, *pour favoriser le développement de l'industrie et des travaux publics et opérer, par voie de consolidation en fonds commun, la conversion des titres particuliers d'entreprises diverses.*

Comprenez-vous, Lecteurs, comment vos valeurs et vos écus, *consolidés* dans la caisse commune de ces agioteurs et *convertis* en actions de leur Société, fera mieux marcher l'industrie et activera les travaux publics? — Pas très-bien, direz-vous peut-être ; il nous semble, au contraire, que la véritable industrie en souffrira et que les grands travaux publics en seront d'autant plus négligés, que les capitaux se centraliseront en plus grande abondance et se *consolideront* dans la caisse de nos intrépides grippe-sous! — Le

Juif-Errant est de votre avis, estimables Lecteurs; mais la bêtise des actionnaires est si grande, et si grande aussi est l'audace de certaines gens, que quelques paroles incompréhensibles, accompagnées de belles espérances, suffisent toujours pour tromper le public et lui soutirer sans effort ses écus.

Aussi, les fondateurs de notre susdite Société, trouvant qu'il est aussi facile, plus facile peut-être, de *consolider* cent millions que cent sous, décident entre eux que leur capital social sera de 600,000,000 tant en actions qu'en obligations, c'est-à-dire, qu'ils vendront pour un demi-milliard et plus de chiffons de papier, hypothéqués sur les brouillards de la Seine. Puis, ils se partagent à l'amiable les susdites actions, les vendent en hausse par d'habiles mensonges et les rachètent en baisse par d'indignes manœuvres, les revendent ensuite en hausse au moyen de magnifiques promesses de dividende, et les rerachètent en baisse pour les revendre de nouveau en hausse jusqu'à ce que le papier *crève*, dans une débâcle

imprévue, entre les mains du dernier acquéreur, qui, certainement, ne sera pas
l'un des douze. Et, pendant que des milliers d'imbéciles trouvent la ruine dans ce
stupide jeu de hausse et de baisse, les fondateurs et administrateurs de ce vaste tripot de Boursicoterie déposent leur bilan,
mettent la clef sous la porte et lèvent publiquement le pied, sans avoir à redouter,
ni l'inflexible huissier, ni l'impitoyable
garde du commerce. N'ont-ils pas eu, en
effet, l'habile prévoyance d'écrire dans
leurs statuts : *les Membres du Conseil ne
contractent, à raison de leur gestion, aucune obligation personnelle !!!* Désormais
millionnaires, les créateurs de cette maison de jeu mèneront grand train, vivront en
grands seigneurs, entretiendront richement leurs maîtresses, achèteront des chevaux, des voitures, des châteaux, et feront
bâtir de magnifiques et somptueux hôtels.

Vous le voyez donc bien, Lecteurs, le
Boursicotiérisme est un métier de larrons.
Les niais s'y ruinent, les habiles y prospè-
rent. Ceux-là, masse moutonnière, forment
la grande catégorie des exploités ; ceux-ci

se rangent d'eux-mêmes parmi les exploi-
teurs.

Les premiers, ramassis de portiers, de
domestiques, de porteurs d'eau, de marchands de vin, de vieilles duègnes édentées
et ridées, jadis cuisinières ou autre chose,
d'anciens souteneurs patentés ou non patentés, d'échappés de Poissy ou d'ailleurs, de garçons de café, de juifs marchands de chaînes de sûreté, de négociants
qui ont éprouvé de nombreux sinistres et
qui tous, ne sachant que faire ni comment
gagner leur vie, fréquentent la petite coulisse et trafiquent sur les petites valeurs(3),
de rentiers, de petits bourgeois avides, de
gens placés à tous les degrés de l'échelle
sociale ; tout ce monde de Boursicotiers
sont les oisons que l'on plume, les goujons
qui engraissent le brochet, les passereaux
qui servent de dîner à l'épervier, les
agneaux qui sustentent le lion ; *vile multitude qui tente la chance,* honteuse de vivre
en travaillant dans une honnête aisance ou
dans la médiocrité. Les seconds sont les
nababs, les princes ou plutôt les corsaires
de la finance, qui dévorent sans pitié les

petites fortunes pour les menus plaisirs de quelque laveuse d'écuelles métamorphosée par eux en déesse Bréda.

Voilà, Lecteurs, les deux sujets que nous venons traiter dans ce livre, où nous vous démontrerons mathématiquement et par des faits: 1° que le Boursicotiérisme est un véritable métier de larrons; 2° que le Lorettisme est un ignoble trafic de chair humaine, et 3° enfin que Boursicotiérisme et Lorettisme sont en saine morale deux mots synonymes de flibusterie, de vice et de paresse. Toutefois, le mot vice n'est ici que comme le trait d'union, ou, pour mieux dire, comme l'officier municipal du XIII° qui unit, avec faculté de divorce, le Boursicotier et la Lorette; aussi l'avons-nous mis au milieu : à tout seigneur tout honneur.

Ce livre ne plaira certainement pas à la gent boursicotière, ni encore moins à la gent crinolifère ou lorettine; mais, comme ce n'est point pour flatter le vice que nous écrivons, nous nous résignerons facilement à n'avoir pas son amour : aussi bien, nous aimons peu les faveurs prodiguées à tout le monde, et nous n'avons jamais fait du veau d'or, pas plus que de la Lorette, le dieu de nos pensées, ni l'objet de nos adorations.

Lecteurs, vous savez maintenant qui nous sommes, vous savez aussi ce que nous voulons. Si le cœur vous manque pour nous suivre jusqu'au bout, fermez ce livre ; il n'est point fait pour vos nerfs délicats, ni pour vos chastes oreilles. Mais si vous ne craignez pas de visiter l'impudique empire où règnent en despotes les sept péchés capitaux, entrez. Voici d'abord le roi des bohémiens, le dieu du siècle, dieu de bouc, il est vrai, comme toutes les fausses divinités de la terre, mais le seul dieu qu'on encense aujourd'hui. C'est par lui que nous allons commencer cette étrange étude de mœurs. La deuxième partie de ce livre sera consacrée exclusivement à la Lorette, la seule déesse qu'un Boursicotier adore, la seule aussi digne d'avoir un autel et des statues dans le temple de la spéculation et de l'agio.

QU'EST-CE QUE LE BOURSICOTIÉRISME ?

Le Boursicotiérisme, c'est l'improbité dans les mœurs; c'est la piraterie dans les affaires; en d'autres termes, c'est le vol au chantage

Le Boursicotiérisme est l'art de jouer, de parier, de spéculer en Bourse, quelquefois sans argent, toujours sans probité; en d'autres termes, le Boursicotiérisme est l'art de surprendre habilement le bien d'autrui par un ensemble de moyens non prévus par la loi ou insaisissables à la justice. Aussi, *jouer*, *parier*, *spéculer*, c'est-à-dire AGIOTER, sont dans la pensée publique trois opérations financières, synonymes de *chantage*, *d'escroquerie*, et de *vol* : c'est ce que nous démontrerons tout à l'heure par des fait irrévocables et authentiques.

2.

Et, en effet, qu'est-ce qu'une opération de Bourse, si ce n'est un coup d'audace, un tour d'adresse ingénieusement calculé, si l'on veut, un pari même, comme il s'en fait aux hippodromes et aux *steeple-chases,* ou bien encore une partie d'écarté où celui qui donne fait sauter la coupe, tourne le roi et prend les cinq plus gros atouts ; *jeu, pari* ou *spéculation* qui peuvent bien prendre parfois des proportions gigantesques comme au temps fameux de la banque Law, mais qui n'ont rien de sérieux dans les affaires (4) ; car presque toutes les opérations de Bourse ne sont plus aujourd'hui qu'un jeu déshonnête où chacun vend ce qu'il n'a pas, achète ce qu'il ne veut pas prendre et fait de l'agiotage le seul objet de ses transactions.

Bien longtemps avant la Révolution de 1789, les gouvernements avaient pris de sages précautions contre tout ce monde d'agioteurs qui passe sa vie à spéculer et à jouer. L'arrêt du 24 septembre 1724 forçait ceux qui voulaient acheter ou vendre des effets publics ou commerçables à remettre, avant l'heure de la Bourse, l'argent ou les effets aux agents de change. Mais cet arrêt même ne fut pas une garantie contre le jeu ; on trouvait encore le moyen d'éluder la loi.

La Convention agit différemment et plus sûrement ; elle pensa que, puisque la Bourse était le centre de manœuvres suspectes, le plus simple était de la fermer ; et la Bourse resta fermée jusqu'au décret du 6 floréal an III (1795) de la même assemblée qui ordonna de la rouvrir. Toutefois, le 13 fructidor (30 août) de la même année, on fit une loi pour réprimer les jeux de Bourse. Considérant, disait le législateur, « que « les négociations de Bourse ne sont plus qu'un « jeu de prime, où chacun vend ce qu'il n'a « pas, achète ce qu'il ne veut pas prendre, et « où l'on trouve partout des commerçants et « nulle part du commerce, il est défendu de « vendre des marchandises ou des effets dont on « ne sera pas propriétaire au moment de la « transaction. » Le coupable était puni de deux ans de détention et exposé publiquement, après sa condamnation, avec un écriteau sur la poitrine portant ce seul mot : AGIOTEUR ; en outre, ses biens étaient confisqués au profit de l'État.

Un autre arrêté, du 5 ventôse an IV (21 février 1796), voulant assurer l'exécution de la précédente loi, exigea que tout marché conclu par un agent de change ou par un courtier de marchandises fût proclamé à haute voix, enregistré par le crieur public, avec l'indication du nom et du domicile du vendeur ainsi que du dépositaire des effets ou espèces, afin que la police pût vérifier l'existence des objets vendus.

Le même arrêté n'admettait à la Bourse que les agents de change et les courtiers de marchandises légalement nommés, les banquiers et les négociants qui, indépendamment de leur patente et de la quittance de leur part dans l'emprunt forcé, justifieraient par un certificat de leur municipalité qu'ils avaient maison de banque ou de commerce en France et domicile fixe. Mais, par un arrêté du 27 prairial an x (16 juin 1802), on abrogea l'obligation de désigner le vendeur et l'acheteur; on ouvrit la Bourse à tous les citoyens, même aux étrangers, et on renonça à exiger qu'on justifiât de la propriété des objets vendus ou échangés.

Disons maintenant en quoi consistent les diverses sortes d'opérations de Bourse que la loi tolère, mais qu'elle n'autorise pas.

Les opérations de Bourse sont de trois sortes : le *jeu*, le *pari*, et la *spéculation*. Par spéculation, nous n'entendons point parler ici de cette négociation régulière de titres qui se fait contre espèces par l'intermédiaire d'un agent de change, c'est-à-dire du mouvement utile et normal des capitaux, mais seulement de ces transactions illicites et immorales qui sont dépourvues de cause et de réalité, comme, par exemple, la vente des actions d'une compagnie industrielle qui n'existerait pas ou qui ne serait encore dans la tête de son créateur qu'à l'état embryonnaire. Nous voulons parler aussi de cette spéculation agioteuse, véritable peste des sociétés et des États, qui n'est que l'art de s'enrichir sans travail, sans capital, sans commerce et sans génie, et qui engendre deux autres pestes boursicotières, le pari et le jeu.

LES JEUX DE BOURSE.

Les opérations du jeu proprement dit empruntent les formes et les combinaisons les plus diverses ; elles attirent surtout l'attention publique et exercent la principale influence sur le cours de la rente et des valeurs industrielles. Nous allons les passer toutes successivement en revue et démontrer en même temps ce qu'elles ont d'illicite et d'immoral.

LE JEU AU COURS MOYEN.

Cette opération se fait, dans le cabinet des agents de change, un peu avant l'ouverture de la Bourse. Aussi, n'est-elle pas considérée comme légale ; car l'arrêté du 27 prairial an x, art. 3, défend expressément, sous peine de nullité et de destitution pour l'agent de change, toute négociation faite en dehors du local et des heures déterminées, et dans laquelle on ne stipule point de prix. Mais, en dépit des prescriptions formelles de cet arrêté, les 60 agents de change de Paris prêtent journellement leur concours à de pareilles opérations, et le syndic de leur Compagnie ne songe pas le moins du monde à les admonester sur cette flagrante violation de la loi, qui laisse elle-même, nous ne savons pourquoi, l'impunité aux coupables.

Ces transactions se font presque toujours au comptant, quelquefois cependant à terme. Elles consistent à acheter ou à vendre des titres de rente ou des valeurs industrielles au cours moyen d'une Bourse ; la cote rédigée après la séance donne toujours le chiffre du marché. Citons un exemple : si le Nord fait 962 fr. 50 c. au plus haut et 960 fr. au plus bas, le cours moyen du jour sera donc 961 fr. 25 c.

Ce marché, quelque loyal qu'il soit, offre cela de particulier qu'aucun prix n'est stipulé au moment de la transaction, et que vendeur et acheteur laissent bénévolemment au hasard le soin de le fixer comme bon lui semblera. On dirait un besoin chez le Boursicotier de n'opérer que sur les mystères de l'inconnu.

LE JEU AU COMPTANT.

Les négociations au comptant sont les seules régulières, c'est-à-dire les seules conformes à la loi, mais elles sont aussi les seules accessibles aux grandes fortunes. Elles ne présentent qu'une forme possible d'exécution : la livraison des titres contre espèces ; et c'est là ce qui empêche le Boursicotier besoigneux ou le joueur sans argent de pratiquer cette opération. Mais il n'en est pas de même du Boursicotier riche, qui ne se livre à ce jeu que sur une très-large échelle et presque toujours à coup sûr.

Nous n'entendons point parler ici de l'honnête rentier qui place ses fonds sur l'Etat en achetant du 3 ou du 4 1/2 %, mais seulement de ces capitalistes avides qui spéculent sur la détresse ou la fortune publiques et qui vendent ou achètent, selon les événements qu'une indiscrétion ou une trahison leur révèle.

LE JEU A TERME.

Les transactions à terme sont aussi régulières que celles au comptant, pourvu qu'elles ne soient pas faites à plus d'un mois d'échéance pour la rente et les actions de chemins de fer, et à plus de deux mois pour les autres valeurs. Mais la gent boursicotière et agioteuse les a rendues presque toujours abusives, depuis qu'elle en a fait son véritable champ de bataille. Elles forment, à elles seules, les quatre-vingt-dix-neuf centièmes des opérations qui se font maintenant à la Bourse. Aussi, le jour où on les interdirait, par respect pour la morale publique, on réduirait au travail un grand nombre d'individus qui, sans trop de fatigue, sans capitaux très souvent et par conséquent sans risque, font d'immenses affaires et mènent la vie de grands seigneurs.

Le jeu à terme est de deux sortes : il est *ferme* ou *à prime*. Le marché ferme, à cause de l'énormité des risques qu'il présente, pourrait être comparé à une de ces meurtrières machines de guerre qui jettent le désordre et la mort au milieu des batailles, frappant au hasard les lâches comme les vaillants. Voici en quoi il consiste. Disons d'abord que le marché ferme engage à la fois le vendeur et l'acheteur ; ses échéances sont au 15 du mois courant ou fin courant, au 15 du mois prochain ou fin prochain ; sa négociation se fait comme celles des ventes et achats au comptant.

Si les fonds sont à la baisse, et qu'une question politique paraisse devoir les tenir longtemps en souffrance, vous vendez, au 1er avril, par exemple, livrables fin courant, 2,250 fr. de rente 4 1/2 %, à 95 fr., ce qui représente un capital de 47,500 fr. Vous ne possédez pas ordinairement les titres vendus, mais vous pouvez vous les procurer dans le courant du mois au taux le plus favorable à vos intérêts. Si, le 15 avril, le 4 1/2 est tombé à 93 fr., vous achetez, pour fin courant, à ce taux, les 2,250 fr. que vous avez vendus à 95 fr., et vous livrez. Ainsi, vous vous trouvez en mesure de faire face à votre engagement, et vous bénéficiez même de 100 fr. sur votre marché, que perd votre acquéreur si la rente se maintient à 93.

Au contraire, si les fonds sont à la hausse, vous achetez au 15 avril, par exemple, pour fin mai, 1,500 fr. de rente 3 %, à 68 fr., soit en capital 34,000 fr.. Il peut arriver que, dans l'intervalle de la livraison, le 3 % monte à 69 fr.; alors vous vendez, comptant ou à terme, et vous encaissez un boni de 500 fr.. Mais si, contre vos prévisions, le 3 % tombe au-dessous de 68, et que vous soyez obligé de vendre à 67 fr. 50 c., vous en êtes quitte pour la perte de la différence, soit 250.

Dans ces sortes de négociations, toute la science du joueur consiste à prévoir les oscillations de hausse et de baisse; ou même à provo-

quer celles dont il a besoin, s'il est assez puissant pour cela. A ce jeu, on peut perdre ou
gagner en fort peu de temps des sommes énormes ; témoin ce qui arriva, il y a quelques années, à M. le comte de....., qui perdit plus de
trois millions dans une seule opération de cette
nature. Le jeu ferme est, du reste, une véritable loterie où celui qui joue dirige quelquefois l'opération du tirage et fait sortir toute la
série des numéros gagnants.

Le marché à prime engage le vendeur sans
engager l'acheteur. Cette opération consiste à
désigner, au moment de la transaction, la perte
que l'acheteur entend faire en cas de baisse,
moyennant quoi le marché se trouve résilié.
Tantôt la prime est payée comptant au moment
du marché ; tantôt, au contraire, elle se porte
en compte; mais, dans ce cas, elle devient exi-
gible à la liquidation. Elle est toujours impu-
tée à compte sur le capital, lorsqu'on prend
livraison. Deux exemples feront mieux comprendre cette opération.

1° Vous achetez à 1,100 fr. 25 actions du
Nord *dont* 10, soit en capital 27,500 fr. ; c'est-
à-dire que vous entendez limiter votre perte à
10 fr. par action, soit 250 fr. pour les 25. Si, à
l'échéance, vous avez intérêt à ne pas *lever* les
titres, comme dans le cas où les Nords seraient

tombés à 1,050 fr., vous abandonnez à votre vendeur la prime de 10 fr. par action, et le marché se trouve résilié. Vous perdez vos 250 fr. de prime, tandis qu'en levant à 10 fr. de baisse, vous perdriez 1,250 fr. Au contraire, si vous avez bénéfice à vous faire livrer les titres, dans le cas où les Nords seraient montés à 1,125 fr., le vendeur ne peut refuser de tenir son engagement, puisque la faculté d'annulation du marché n'est acquise qu'à l'acheteur ; et alors, si la prime a été payée, comme c'est l'usage au moment du marché, vous ne devez plus que 27,250 fr. ; bénéfice : 625 f.

2° Ou bien vous achetez à prime 1,500 fr. de rente 3 °/₀ à 79 fr. 45 c., fin courant ; soit en capital 39,725 fr., et vous payez comptant, pour votre prime, 500 fr. Si, à l'échéance, il vous convient de prendre livraison, dans le cas où le 3 °/₀ serait monté à 80 fr., car alors vos titres valent 40,000 fr., vous n'avez plus à payer que 39,125 fr., déduction faite de la prime ; vous prenez vos titres et vous bénéficiez de la plus-value, qui est de 275 fr. Mais, au contraire, si, à la fin du mois, le 3 °/₀ est tombé à 78 fr., comme vos 1,500 fr. de rente ne valent plus en capital que 39,000 fr., et que votre perte serait de 725 fr., vous abandonnez vos 500 fr. de prime, et le marché est nul.

Il y a un autre sorte de marché à prime qui est obligatoire pour l'acheteur et libre pour le vendeur ; c'est ce qu'on appelle le *marché libre*. Dans ces transactions, qui ne sont en usage que parmi les Boursicotiers de la Coulisse, c'est-à-dire parmi les joueurs qui remplacent le ministère de l'Agent de change par un simple coup de crayon, le vendeur donne une prime à l'acheteur pour l'obliger à recevoir, à un prix convenu, aux jour et heure indiqués d'avance, les titres qui lui ont été vendus. En Boursicoterie, on appelle cette prime *prime pour recevoir*.

Voilà les diverses sortes de marchés à terme qui donnent lieu à tant d'affaires inutiles, à tant de flouerics, à tant de ruines et à tant de honteuses *exécutions*. Une exécution en bourse, on le sait, n'est autre chose que la faillite du Boursicotier ; faillite d'autant plus coupable que l'exécuté savait très-bien, au moment de son marché, qu'il ne pourrait pas tenir ses engagements à l'échéance ; il savait toutefois, il est vrai, qu'il empocherait bravement le gain, et cela suffit d'ordinaire à certains Boursicotiers. Mais comme on n'exécute en Bourse que l'honneur, chose assez futile en soi dans les siècles où l'argent est le seul mobile des actions, comme aussi la seule vertu, le seul esprit même, l'exécuté se rit de sa propre exécution ; ce qui ne l'empêche pas de bien vivre, après comme avant, et de faire de nouvelles spéculations et des dupes nouvelles.

LES LIQUIDATIONS ET LES AGENTS DE CHANGE.

Disons ici deux mots des *liquidations*, ce fatal quart d'heure de Rabelais qui sonne de droit pour les joueurs à terme les 15 et 30 ou 31 de chaque mois, suivant la nature de ses opérations, et qui trop souvent donne le signal de tant de désastres, tout en révélant de honteuses flibusteries.

Il n'y avait autrefois qu'une seule époque de liquidation ; c'était à la fin du mois. Mais, dans ces dernières années, le Syndicat des Agents de change, qui représente naturellement les intérêts, les ambitions et les passions de la Compagnie, dont il est, pour ainsi dire, le bras et la parole, trouva que l'affluence des effets publics, résultant de la création des chemins de fer, portait un encombrement nuisible dans les marchés. Pendant le dernier trimestre de 1852, l'affluence des spéculateurs fut, en effet, si grande, que les 60 Agents de change ne pouvaient pas suffire à réaliser seulement les ordres au comptant ; il y eut même des acheteurs qui furent obligés d'attendre trois jours et de s'exposer à payer plus cher les valeurs qu'ils avaient demandées; ce qui démontrait d'une manière bien évidente l'insuffisance du nombre des Agents.

Pour parer à cet inconvénient, au lieu de demander au gouvernement que le nombre des offices fût augmenté, la Chambre syndicale imagina tout simplement la double liquidation mensuelle, c'est-à-dire le double courtage et es doubles reports au profit des Agents de change, mais au détriment des spéculateurs; et le 8 novembre 1852, elle prit une décision imposant à tout spéculateur à terme l'obligation de faire une couverture de 150 fr. par action de chemin de fer. Ce fut là un véritable coup d'état qui avait pour but d'éliminer les joueurs sans capitaux, non dans l'intérêt de la morale, mais afin de désencombrer la place : jamais, même à l'époque des Traitants, la finance n'avait eu tant d'audace. Le résultat de cette mesure fut un peu plus de bénéfice pour les Agents; les habitués de la Bourse le savent aussi bien que nous. Le gouvernement crut devoir laisser faire; car le moment n'était pas venu de dominer cette redoutable Compagnie et de l'empêcher de se poser dans son temple avec une insolence toute féodale, comme un des grands pouvoirs de l'État.

Aussi, disons-le en passant, une charge d'Agent de change, qui valait sous la Restauration 400,000 fr. et un million sur la fin du règne de Louis-Philippe, vaut maintenant plus de 2 millions ! ! ! et les sommes que les 60 charges rapportent ne s'élèvent pas à moins de 80 millions par an, moitié fournis par les droits de courtage et moitié par les reports (5). On ne s'étonnera pas de ces bénéfices énornes, quand on saura que les droits de courtage, qui vont de 15 à 20 $^o/_o$, sont prélevés par l'Agent de change, non-seulement sur la somme payée, ce qui est juste, mais encore sur les sommes non versées, odieuse exaction qui écrase le client. Un pauvre diable d'usurier qui prête de l'argent à 12 $^o/_o$ à des propriétaires dans l'embarras est puni d'une amende et de la prison ; comment se fait-il donc que l'Agent de change jouisse lui-même de l'impunité ? Deux mots sur ces officiers ministériels, et le principal de leur compte sera réglé ; mais laissons parler Proudhon qui les connait beaucoup mieux que nous.

Vous écrivez à votre Agent de change de vous acheter, par exemple, des actions de la Banque au cours du jour. Dans la même Bourse, les actions font 4,100, 4,110 4,120, l'Agent, à quelque prix qu'il ait acheté, vous

côte au plus haut, 4,120, et bénéficie de la différence, sans préjudice de ses droits de courtage.
Si, au contraire, vous êtes vendeur, il vous
côte au plus bas, 4,100, et garde pour lui la
plus-value. Qu'avez-vous à y voir ? C'est ce
qu'on appelle, dans une hémisphère infiniment
plus obscure, *faire danser l'anse du panier*.

Malgré les bénéfices énormes que fait la Compagnie des Agents de change, on voit de temps
à autre parmi eux des banqueroutiers, des
membres qui *lèvent le pied*, emportant la fortune, l'honneur et la vie de quelques milliers
de dupes. M. Coffinières écrivait en 1825 : «Sur
« 121 incrits au tableau des Agents de change
« depuis 22 ans, 4 se sont suicidés de désespoir
« de ne pouvoir remplir leurs engagements,
« 61 ont failli en faisant éprouver une perte
« considérable à leurs créanciers, ou ont aban-
« donné leur état, étant à peu près ruinés, ou
« du moins avec un avoir moindre que celui
« qu'ils avaient apporté. »

Cependant la Corporation s'estime si honorable, qu'elle entend recevoir vos fonds et vos
titres sans jamais donner de reçu. M. de Mériclet s'exprime ainsi sur cet abus : « Vous
« reportez chez un Agent de change 50 actions ;
« le lendemain de la liquidation, vous vous
« présentez à la caisse, vous remettez 50 à 60

« mille francs ; le caissier vous regarde à peine,
« ne fait pas de reçu, et vous rentrez chez vous
« sans qu'une seule note indique le versement
« que vous avez fait. Cette situation présente
« plusieurs sortes de dangers. Il est possible
« que vous ayez affaire à un caissier infidèle ;
« le feu peut faire disparaître le régistre où est
« inscrite la somme versée. Si le caissier était
« joueur, et qu'après avoir reçu votre argent
« il vînt à partir pour l'étranger sans vous in-
« scrire sur son livre de caisse, vous seriez
« exposé à perdre vos 60,000 francs. A Lyon,
« la maison Milannais fut brûlée ; des valeurs
« au porteur furent consumées, et les proprié-
« taires d'une partie de ces titres n'ont pas été
« admis à se faire rembourser... On compte un
« certain nombre de clients qui déposent chez
« des Agents de change 30 et 40,000 francs pour
« faire des reports. Etrangers ou obligés de
« faire de longs voyages, la mort peut les sur-
« prendre ; personne ne réclame. Le temps s'é-
« coule, et les familles ignorent l'héritage. Nous
« connaissons un banquier qui, depuis quinze
« ans, jouit d'un dépôt de 300 mille francs,
« sans qu'on lui ait jamais fait une réclama-
« tion. » Mais laissons, pour un instant, les
Agents de change, et revenons aux liquidations.

A cette époque, moment suprême où Haussiers et Baissiers déploient une activité incroyable, chaque joueur liquide sa position financière, avant de s'engager dans de nouvelles opérations : pour la rente, la liquidation se fait à la fin du mois; et, pour les chémins de fer, elle a lieu le 15 et le 30 ou 31 de chaque mois. Les acheteurs de ferme prennent alors livraison, reçoivent ou soldent leurs différences; les acheteurs à prime déclarent s'ils abandonnent la prime, ou s'ils maintiennent leur marché : ce qui s'appelle en Boursicoterie donner sa *réponse*. La *réponse des primes* se donne à deux heures au plus tard.

Mais, comme il arrive très-souvent que vendeurs et acheteurs ne sont pas en mesure de tenir leurs engagements, on les *exécute* sans pitié; et si l'Agent de change n'a pas une *couverture* suffisante, il est tenu de combler de ses propres fonds le déficit de l'exécuté; car il doit posséder à l'avance, dit la loi, les valeurs à négocier et les sommes à payer. M. de Mériclet cite un fait de ce genre où l'officier ministériel fut tenu de payer 40,000 francs; et il y a quelques années, dit Proudhon, des bruits circulèrent au sujet d'un personnage qui laissa à ses Agents un déficit de quelques centaines de mille francs qu'ils furent obligés de couvrir. Mais qui plaindre dans ce monde de Boursicotiers? Agents et clients ne se sont-ils pas mis en dehors de la loi?

L'époque des liquidations formerait, à elle seule, une très-curieuse histoire de la Bourse; car c'est non-seulement l'époque des exécutions, mais c'est aussi l'époque de la frénésie des joueurs, l'époque de toutes sortes de désastres, des faillites, des fuites, du désespoir et de la mort de quelques imprudents Boursicotiers que l'imprévoyance ou de faux calculs déshonorent et ruinent. On cite, à la liquidation de fin août 1858, un intéressé d'Agent de change, M. V..., qui aurait levé le pied ; M. X.... et un banquier-remisier, M. H...., qui se seraient donnés la mort ; trois Agents de change, MM. N...., L..... et L...., qui, pour avoir voulu faire la baisse contre les Coulissiers, jouant avec ardeur à la hausse, auraient été sur le point d'être déclarés en banqueroute, et M. E.. . H..., autre Agent de change, pour qui le Syndicat aurait payé 1,700,000 fr., et qui vient de vendre sa charge. Le Syndicat se serait contenté, à ce qu'on dit, de donner aux coupables de sa Compagnie une sévère admonestation. Quant aux cinq ou six exécutés, ils ont pris momentanément de la poudre d'escampette, jurant, mais un peu tard, qu'on ne les exécuterait plus.

Toutefois, l'exécution peut être ajournée indéfiniment au moyen du *report*, cette espèce d'appel au souverain tribunal de l'usurier.

LE JEU AU REPORT.

Le mot report a trois significations bien distinctes en langage de Boursicoterie. Il y a : 1° le *report de la rente* ; 2° le *report* ou prêt *sur dépôt de titres*, et 3° le *report sur prime.*

On appelle report de la rente la différence qui existe entre le cours de la rente au comptant et celui de la fin du mois. Ainsi, lorsque le 3 °/₀ est, par exemple, à 72 fr. 75 c. au comptant et à 73 fr. à terme, on dit que le report de la rente, à la fin du mois, est de 25 c.; et si, à cette époque, le comptant s'élève à 73 fr. 30 c., on dit alors qu'il y a *deport* de 30 centimes. Mais nous n'avons pas à nous occuper ici de ce genre de report qui n'est pas en lui-même un marché, ni une opération, mais seulement l'appellation de l'une des phases du jeu à terme.

Le second report, qui est une véritable opération de Bourse, n'est autre chose qu'un prêt usuraire sur dépôt de titres, un prêt sur gages tel que la loi le définit. Il consiste à acheter des valeurs au comptant et à bon marché pour les revendre, au même instant et à la même personne, chèrement, mais à crédit. Ainsi, vous avez besoin de 40,000 fr. espèces et vous n'avez que 50 actions du Nord. Vous vendez donc vos 50 actions à 800 fr., par exemple, mais au comptant, et vous les rachetez immédiatement à 810 fr. pour la liquidation suivante ; en d'autres termes, un capitaliste vous prête sur vos titres la somme de 40,000 fr. dont vous avez besoin, à condition que vous lui payerez à la liquidation prochaine, c'est-à-dire dans 15 jours, 10 fr. d'intérêt par action, soit 500 fr. pour les 50. Vous avez donc emprunté au taux de 30 °/₀ par an. C'est là une véritable usure, ou nous ne nous y connaissons pas, ou bien la loi ne sait pas ce qu'elle dit. Mais il paraît qu'en Bourse tout est permis, excepté de *faire le mouchoir à la tire* dans la poche de son voisin. Le capitaliste, ou plutôt l'usurier qui prête, s'appelle le *reporteur ;* celui qui emprunte, le *reporté.* Mais ce ne sont là que des mots de convention qui cachent un fort vilain métier. On connaît des reporteurs en boutique qui prêtent ainsi à 25, 50, 100 et même à 250 °/₀. Contraint par la nécessité, un débiteur emprunterait à 1,000 °/₀ ; mais les capitalistes, qui font de pareilles opérations, n'en sont pas moins d'insignes usuriers dont les reportés se servent, aux époques de liquidations, pour retarder leur ruine. En général, le repor-

teur est un adroit larron, et le reporté une dupe
qui court lentement et douloureusement d'agonie en agonie pour aboutir à une mort violente
et inévitable. Le report excite ordinairement le
joueur, à peu près comme une casserolle atta-
chée à la queue d'un chien excite cet animal à
courir. Détachez la casserolle; le bruit cessant,
le chien s'arrête; de même, empêchez le report,
et la fureur du jeu s'arrêtera aussi.

Le report sur prime est une opération par
laquelle on achète ferme, fin courant, des valeurs qu'on revend à prime fin prochain; mais,
s'il y a baisse, on court la chance d'être ruiné,
exécuté, à moins de se faire reporter et par
conséquent duper par quelque adroit reporteur.
Il y a des joueurs qui se font reporter indéfiniment, avec des taux de 4 à 60 °/₀ par liquidation. Les reporteurs y gagnent; les Agents de
change y trouvent aussi leur profit; car chaque
report amène une commission; et le Boursicotier entêté s'y ruine.

LE JEU A LA HAUSSE.

Cette opération ne consiste qu'à acheter pour
vendre, le jour même ou le lendemain, en
hausse; elle se fait au comptant ou à terme.
Si l'on achète au comptant, on vend soit comp-

tant, soit ferme, soit à prime, dès que la hausse
est venue. Si, au contraire, on achète à terme,
on vend alors ferme ou à prime ; on achète
même à prime pour vendre ferme ou à prime.
Prenons quelques exemples.

Vous savez qu'un événement politique considérable, ou qu'une importante nouvelle financière va déterminer un mouvement de
hausse dans les fonds publics ; vite, vous donnez ordre à un Agent de change de vous ache-
ter du 3 ou du 4 1|2 °/₀ pour 10,000 fr., pour
100,000 fr., pour un million et plus, si vous le
pouvez. Le lendemain, dès que cette nouvelle
est connue, dès que cet événement est public,
une hausse prodigieuse a lieu sur toutes les
valeurs. Alors vous vendez ; car il y a toujours
en Bourse des dupes et des niais qui achètent,
dans ces moments, espérant que les fonds monteront encore, monteront toujours ; et en quelques heures, vous avez réalisé, sans trop de
fatigue, ni génie, un bénéfice énorme.

En Boursicoterie, cela peut bien paraître li-
cite ; mais, en bonne morale, ce prétendu gain
est un vol. Celui qui joue avec des cartes biseautées fait exactement ce que vous faites ; il
connaît les cartes, vous connaissez les événements : des deux côtés, il y a donc filouterie,
puisqu'il y a parité d'action. Et que diriez-vous

d'un homme qui vous achèterait votre terre à vil prix, sachant qu'elle renferme une précieuse mine ou un riche trésor? vous le traiteriez avec juste raison de voleur. Or, que faites-vous? vous achetez en baisse des titres de rente ou des actions industrielles, quand vous savez positivement que demain, dans une heure peut-être, la hausse doit se manifester sur toutes les valeurs. Vous frustrez donc sciemment votre vendeur d'un bénéfice que bien certainement vous n'eussiez point fait, si vous n'aviez eu connaissance des événements. Mais, direz-vous, c'est là de l'adresse en affaires. De l'adresse! une pareille adresse, les gens simples, c'est-à-dire les honnêtes gens, la qualifieront de *vol à la nouvelle;* la morale publique la flétrit, et la loi sur les voleurs vous condamnerait bien certainement comme tels, si vous osiez dire publiquement les moyens que vous avez employés pour gagner tous ces millions qui font désormais de vous un homme considérable et considéré.

L'histoire des faits et gestes de la Bourse rapporte plus d'une turpitude de ce genre. Elle cite, sous le gouvernement de la Restauration, un comte de la P..... qui gagna ainsi de très-fortes sommes dans une seule opération. Sous le gouvernement de Louis-Philippe, deux adroits banquiers, M. A..... et M. A....., réalisèrent des bénéfices énormes en achetant à vil prix et à coup sûr des fonds espagnols que les complications de la guerre civile avaient depuis longtemps jetés dans une baisse pleine d'alarmes et qui, dans une seule Bourse, montèrent de 32 fr.

Nous pourrions multiplier nos citations; car tous les temps ont eu leurs trahisons et leurs lâchetés; mais il nous suffira de dire que sur dix fortunes soudaines, faites par des hommes d'Etat ou par leurs amis, il n'y en a peut-être pas une de foncièrement honnête.

Parlons maintenant des vulgaires joueurs à la hausse, c'est-à-dire de ces imprudents Boursicotiers qui s'amusent à jouer leur fortune à pile ou face, en l'engageant dans de perpétuelles éventualités.

Ces sortes de joueurs achètent, par exemple, 1,500 fr. de rente 3 °/₀ au comptant à 70 fr., ce qui représente un capital de 35,000 fr. Puis, si le lendemain la rente est à 70 fr. 20 c., ils vendent au comptant, et réalisent ainsi un bénéfice de 100 fr.; ou bien ils vendent ferme fin courant à 70 fr. 60 c., car les négociations à terme sont toujours plus élevées qu'au comptant; ce qui leur donne un bénéfice de 300 fr. D'autres fois, ils vendent à prime fin prochain à 71 fr. dont 1, la rente à prime étant la plus chère : bénéfice net, 500 fr. Mais, lorsqu'il y a

baisse, les titres ne sont pas levés ; le vendeu
empoche alors les 500 fr. de bénéfice et gard«
ses titres , en attendant un autre niais qui le
lui achète ferme ou à prime. De sorte que le
mêmes titres peuvent produire à leur propriétaire de grosses sommes, avant qu'on ne le
lève définitivement. Dans ce cas, l'habile es
celui qui vend ; le niais, celui qui achète à
crédit. Et l'on appelle cela jouer sur les fond
publics ! Mais qui vous dit qu'il y aura hauss«
fin courant ? Si vous le savez et que vous
achetiez, vous êtes un fripon ; si vous ne le
savez pas et que vous achetiez encore , vous
êtes un imbécile. Quant aux probabilités qui
peuvent être pour vous, elles ne changent rien
à notre irréfutable dilemme ; toutefois, vous ne
seriez plus alors qu'un demi-fripon ou un demi-
imbécile ; choisissez.

D'autres fois, un joueur à la hausse achète
ferme , fin courant, 50 actions du Comptoir
d'escompte à 670 fr. , soit en capital 33,500 fr..
Il peut les vendre ferme, fin prochain, à 680
fr. : bénéfice net, 500 fr. Mais , dans ce cas , il
faut que le Haussier puisse prendre livraison
à son échéance ; car s'il n'a pas 33,500 fr., il ne
peut pas revendre à un délai plus long qu'il
n'a acheté.—L'acheteur de ferme fin prochain
peut encore vendre ses 50 actions à prime dont

5, ce qui lui donne un bénéfice de 250 fr., si les actions sont levées. Mais, si elles ne le sont pas, parce qu'il y a baisse, notre joueur a fait une fausse spéculation; car, son achat étant ferme, il a besoin de vendre pour pouvoir lever lui-même. S'il est obligé de vendre à 660 fr., par exemple, il recevrait 33,000 fr. contre 33,500 fr. qu'il aurait à payer : différence à son préjudice, 500 fr., dont il faut déduire la prime de 250 fr. qu'il aurait reçue de son acheteur; ce qui réduirait son déficit à 250fr. seulement. Dans ce marché stupide, les pertes sont illimitées.

Si le Haussier a acheté, par exemple, à prime dont 10, fin courant, 50 Nord à 900 fr., soit en capital 45,000 fr., et qu'il les revende ferme à 905 fr., son bénéfice est de 250 fr.. Mais, si les actions descendent à 895 fr., comme il a payé 500 fr. de prime, il a intérêt à les lever ; car, revendant à ce prix, il ne perd que 250 fr., tandis qu'en ne prenant pas livraison, il perdrait ses 500 fr. de prime. Dans tous les cas, sa perte ne peut excéder 500 fr., quelle que soit la baisse. — Si, au contraire, il revend ses 50 Nord à prime dont 5, à 905 fr., par exemple, il gagne 250 fr. dans le cas où la livraison s'effectue, c'est-à-dire s'il y a hausse ; mais, s'il y a baisse, la livraison ne s'effectuant pas, les 250 fr. de prime lui restent. Et comme il a payé lui-même une prime de 500 fr., s'il doit l'abandonner aussi, son déficit n'est que de 250 fr.

Le jeu à la hausse, comme on peut le voir, est un jeu de fripons et de dupes ; le jeu à la baisse, dont nous allons maintenant parler, est, au contraire, un jeu de dupes et de fripons, à moins qu'il ne soit, comme à la roulette ou au lansquenet, un jeu de niais qui calculent sur les chances du hasard.

LE JEU A LA BAISSE.

De même que le Haussier achète en baisse pour revendre en hausse, le Baissier, lui, vend en hausse pour acheter ensuite en baisse; d'où il résulte que le Baissier cherche toujours et par tous les moyens à discréditer les valeurs, afin d'amener une débâcle, ne fût-elle que d'un jour, que d'une heure, qui prépare ses opérations et les rende lucratives. Le Baissier est un véritable saule-pleureur; à voir son air larmoyant et piteux, vous croiriez qu'il vient de perdre sa famille ou sa fortune, et qu'il ne lui reste plus qu'à aller piquer une tête du haut d'un pont dans la Seine. « Tout est perdu, « dit-il cent fois, mille fois par jour; rien ne va, « les affaires sont mortes, le commerce est aux

« abois, les fabriques ne travaillent plus, la
« boutique chôme faute d'acheteurs, et, si cela
« continue, je ne sais ce que nous allons de-
« venir; nous dormons sur un abîme. » C'est
lui qui invente les *bruits de Bourse* les plus
sinistres comme les plus absurdes, affreux canards qui trouvent toujours par les rues l'eau
sale de la malveillance et de la sottise, de la
peur et de l'intrigue, pour y barbotter à l'aise.
C'est le Baissier, qui nous disait, il y a 3 ans,
le 8 septembre même : Malakoff ne sera jamais
pris, comme si le soldat qui a vaincu à Wagram
et à Austerlitz, qui a pris le Kremlin et Alger,
pouvait ne pas prendre Malakoff! comme si la
nation, qui, depuis des siècles, a planté son
drapeau dans presque toutes les capitales du
monde, pouvait ne pas l'arborer aussi sur la
cime d'un rocher ! C'est encore le Baissier qui,
dans les jours de calamités publiques, propage,
en les dénaturant et en les grossissant, les nouvelles les plus effrayantes et les plus tristes, et
qui nous menace chaque matin de quelque
épouvantable catastrophe. Aussi, un Baissier
n'a d'humain que la forme; c'est un monstre
qui n'a d'autre patrie que la Bourse, d'autre amour que celui de la baisse, d'autre
intelligence que celle de la prime et du découvert, d'autre Dieu que l'or; il parle, mais il ne

pense pas ; il vit, il s'agite, mais il ne sent pas ; en un mot, c'est le type par excellence du Boursicotier. Voilà le Baissier ; disons en quoi consistent ses opérations.

Le jeu à la baisse se fait nécessairement à terme, en vendant tantôt ferme à découvert, tantôt à prime à découvert, tantôt ferme après avoir acheté à prime. Prenons des exemples.

Vous vendez ferme à découvert 50 obligations de la ville de Paris à 1,150 fr., ce qui représente un capital de 57,500 fr. Si, entre le jour du marché et celui de l'échéance, elles tombent à 1,140, vous achetez à ce prix comptant ou à terme et vous avez un bénéfice de 500 fr. Si les cours se maintiennent à 1,150, vous ne gagnez rien, mais vous ne perdez que les droits de courtage. Au contraire, si la hausse survient au lieu de la baisse, ce qui arrive très souvent, et le plus habile s'y laisse prendre, votre perte peut devenir considérable. Il faut alors payer, se faire reporter ou être exécuté.

La seconde série d'opérations que peut faire un Baissier consiste à vendre à prime à découvert dont 1,50, fin prochain, 4,000 fr. de rente 4 °/₀, par exemple à 80 fr., soit en capital 80,000 fr. ; prime 1,500 fr. Si la baisse survient, et qu'à l'échéance la rente descende à 77 fr., comme on ne lèvera pas les titres, le Baissier n'a pas besoin d'acheter; il gagnera donc les 1,500 fr. de prime. Mais, comme dans les temps ordinaires, la hausse ou la baisse ne sont que de pures éventualités de roulette, s'il y a hausse et que l'acquéreur prenne livraison, le Baissier perd la différence entre le prix de la vente et celui auquel il est forcé d'acheter pour livrer, soit 1,000 fr., si la rente est montée à 81 fr. Dans ce cas, la perte n'est pas limitée pour le vendeur à découvert; elle l'est à 1,500 pour l'acheteur.

Un Baissier peut encore acheter à prime pour vendre ferme à l'instant même. Par exemple, le 3 °/₀ à prime dont 1 est à 71 fr. fin courant, et la même rente ferme à 70,60. Il achète 1,500 fr. de cette rente au premier taux, soit en capital 35,500 fr., avec prime de 500 fr., et il revend ferme de suite au second taux 70,60, ce qui ne représente plus qu'un capital de 35,300 fr.; différence à son détriment, 200 fr. Si la baisse survient, conformément à ses prévisions, et que le 3 °/₀ descende à 69, il annule son premier marché par l'abandon de sa prime de 500 fr., et il achète ferme à 69, soit en capital 34,500 fr. Comme il a vendu 35,300 fr., il a sur cette opération un bénéfice brut de 800 fr., d'où il faut déduire la prime de 500 fr. qu'il a abandonnée; il lui reste donc un bénéfice net de 300 fr. Au contraire, si la hausse se maintient jusqu'à l'époque de la livraison, il réalise son achat à prime qui lui coûte 35,500 fr., et sa perte se trouve limitée à 200 fr.

Voilà le mécanisme des principales opérations qui constituent le jeu à la baisse. Il en est d'autres qui ne sont que des combinaisons de ces opérations mêmes ; car elles présentent des complications à l'infini. Le Baissier de profession y a recours, lorsque les fluctuations de la Bourse sont indécises et peu considérables. Les plus usitées de ces combinaisons sont : 1° le jeu à la hausse ou à la baisse, habilement combiné dans ses deux phases extrêmes, qui consiste à acheter ferme en baisse et à vendre de suite à prime le double de ce qu'on a acheté, ou à acheter à prime en baisse et à vendre ferme de suite la moitié, attendant pour vendre l'autre moitié que la hausse soit revenue et puisse donner un gain ; 2° le jeu de primes contre primes qui repose sur ce fait, que plus la prime est forte, moins le prix de ce qu'on achète est élevé ; ces sortes d'opérations ont l'avantage de limiter les pertes, mais elles offrent peu de bénéfices et elles exigent une très-grande habitude de la Bourse : les débutants y perdraient la tête dans le dédale des combinaisons diverses que ce jeu comporte ; les Boursicotiers consommés seuls y font d'assez bonnes affaires ; 3° le jeu des arbitrages sur effets publics, c'est-à-dire les échanges d'une valeur contre une autre, dans l'espoir de bénéficier de la différence ; car les diverses espèces de fonds qui se côtent à la Bourse ne sont pas toujours au même taux ; ils varient nécessairement dans la hausse comme dans la baisse ; 4° le jeu qui a pour but de bonifier les fausses spéculations et de les prolonger tout au moins au delà des époques de liquidation ; ce jeu n'est qu'une combinaison très-complexe des précédentes opérations à la hausse ou à la baisse.

Nous renonçons à décrire ici les marches et les contre-marches, les faces à droite et les faces à gauche, les détours et les demi-détours, en un mot les changements de front continuels que fait un Boursicotier dans ces sortes d'opérations ; nous ne dirons pas non plus toutes les combinaisons et toutes les formes, souvent bizarres, toujours nouvelles, que revêtent les jeux de bourse : Protée lui-même est moins ingénieux à changer de face ! Toutefois, nous croyons pouvoir affirmer que la probité préside rarement à ces opérations ; les plus loyales en apparence sont entâchées de chantage, d'escroquerie ou de vol, et il n'y a pas un Boursicotier qui n'ait mérité dix fois, cent fois, Cayenne ou tout au moins la simple prison. Passons maintenant aux paris de Bourse.

LES PARIS DE BOURSE

Le paris, cet enfant pestiféré de la spéculation agioteuse, n'est qu'une sorte de roulette, de lansquenet ou de baccarat que le hasard seul conduit, une véritable loterie sans intelligence, sans but, sans utilité pour la fortune publique comme sans motif sérieux ; il n'a d'autre effet que de jeter le trouble dans les transactions et d'enlever à l'industrie et au commerce français d'immenses capitaux qui leur deviennent chaque jour de plus en plus nécessaires. Aussi le pari de Bourse est une chose profondément immorale et désastreuse ; d'autres fois, il n'est qu'une violation de la foi publique, un abus du secret de l'Etat, une trahison envers la société.

La plupart des paris de Bourse, en effet, qu'ils aient pour objet les fonds publics ou les valeurs industrielles, reposent uniquement soit sur des éventualités, dont la cause première est généralement les actes du souverain que l'on assimile au tirage d'une loterie, soit sur des secrets dérobés aux Compagnies ou à l'Etat, soit enfin sur l'indiscrétion, la connivence ou la vénalité présumée des administrateurs des Compagnies et des fonctionnaires publics ; et, sous ces trois points de vue, ils sont nécessairement entachés de fraude, de concussion et d'infidélité, d'escroquerie et de vol, et très-souvent aussi de crétinisme ; car, pour toute espèce de paris, il faut en général plus de bêtise ou de stupide témérité que d'intelligence.

Le Boursicotier de profession parie sur tout et à propos de tout. Un navire, chargé de blé, est-il attendu à Marseille le 1er janvier ? le Boursicotier parie qu'il n'entrera dans le port que le 15. Le prix du pain est-il à 50 cent. le kilogramme ? il parie encore qu'il s'élèvera, l'hiver prochain, à 60 centimes. Le vin est-il à 50 fr. l'hectolitre ? des paris s'engagent qu'il tombera à 40 fr. après vendange. Les fonds publics sont-ils en baisse? des parieurs se présentent en faveur de la hausse. Et comme un sot trouve toujours, dit le poëte, un plus sot qui l'admire, un parieur trouve toujours un autre parieur pour soutenir le contraire, sans raison et quelquefois sans probabilité ; car, s'il est sûr de gagner, il commet un vol ; s'il en doute, c'est un niais qui joue sa fortune à pile ou face ; et s'il fonde son espoir sur certaines éventualités de hausse ou de baisse, c'est un homme téméraire qui se ruinera un jour dans les paris ou y deviendra fripon.

Mais, pour plus de clarté, entrons dans quelques détails, et disons d'abord que le Code pénal défend d'une manière explicite et formelle, non-seulement tous les jeux de Bourse que nous avons énumérés plus haut, mais encore les paris qui en sont, pour ainsi dire, la conséquence et avec lesquels ils se confondent dans certaines opérations. L'article 421 du Code pénal porte : « Les paris qui auront été faits sur « la hausse ou la baisse des effets publics se- « ront punis des peines portées par l'article « 419. » L'article 422 dit : « Sera réputée pari « de ce genre, toute convention de vendre ou « de livrer des effets publics qui ne seront pas « prouvés par le vendeur avoir existé à sa dis- « position au temps de la livraison. » Maintenant, si l'on examine de quelle manière se fait la presque totalité des transactions boursicotières, on sera convaincu que la loi est sans cesse violée et que cette violation est sans cesse impunie.

Les paris de bourse se divisent en deux grandes catégories. Il y a les paris de niais et les paris de fripons ; et chacune de ces catégories se subdivise elle-même en autant d'espèces qu'il y a de manières de jouer, soit sur la rente, soit sur les valeurs industrielles, soit même sur de simples promesses d'actions.

Pariez-vous de bonne foi et sans supercherie, ni connaissance des événements politiques ou financiers, que la rente, par exemple, sera en baisse fin courant, c'est-à-dire faites-vous une opération à terme ou une des nombreuses combinaisons de cette opération ? — 1re catégorie : Pari de niais, — jeu de roulette,—coup de dés, — bêtise,— Bicêtre ou Charenton.

Exemple. — Un jour, M. Melon de Cantalou disait en Bourse à M. Cornichon d'Italie : Je crois, mon bon, que la rente haussera avant la fermeture ; j'ai envie d'acheter du 3. — Qu'est-ce qui vous le fait supposer, mon cher de Cantalou ? — Je ne le sais pas précisément ; mais je le crois, parce qu'après la baisse vient toujours la hausse, comme le beau temps après la pluie. Et puis, s'il faut vous le dire, M. Canardeau le coulissier, qui est un fin politique, disait tout à l'heure confidentiellement à M. Caissedor, le riche capitaliste, dont la fille a épousé le fils du baron de la Savonette, que S. M. notre Empereur devait aller au printemps visiter, à Saint-Pétersbourg, le czar son cousin, comme preuve d'amitié, et que le *Moniteur* annoncerait sous peu de jours cette grande nouvelle. — M. de Cantalou, mon ami, vous êtez un novice en politique. Cette nouvelle, au contraire, ferait baisser la rente, parce que le Français ne va

Jamais en Russie sans y porter a guerre. Et la preuve : Lorsque Napoléon 1er est allé visiter le Russe, une armée de 1,200,000 hommes lui servait d'escorte ; et lorsque Napoléon III a envoyé 200,000 baïonnettes en Crimée, ce n'était pas, vous le savez, pour aller embrocher des allouettes ni pour faire la chasse aux moineaux. Or, si notre Empereur va de nouveau visiter le Russe, vous comprenez qu'une idée est cachée là-dessous : *Latet anguis in herbâ*, comme dit le poëte ; ce qui signifie en bon français que je crois à la baisse si votre nouvelle est vraie. Y êtes-vous maintenant ? —Mais, cependant, on peut bien se voir comme amis, après s'être battus comme ennemis.—Il n'y a pas de mais, ni de cependant. Je vous vends 2,500 fr. de rente 3 p. %₀ fin courant à 76 dont 1; la rente est à 75. Achetez-vous ? Cela y est : voici ma prime et mon coup de crayon. — Hausse ou baisse, fin courant : c'était un véritable pari de niais qui n'avait d'autre fondement qu'un de ces stupides canards inventés par la Coulisse qui les fait ensuite propager, par la bêtise, dans l'intérêt de ses propres opérations. Un volume ne suffirait pas pour les énumérer tous sous leurs merveilleuses bigarrures.

Pariez-vous, au contraire, que la rente sera en hausse fin courant, parce que vous savez que tel événement politique ou financier doit nécessairement provoquer une hausse. —2ᵉ catégorie : pari de fripon, — cartes biseautées, — dés-pipés, — flibusterie, — police correctionnelle ou Cour d'assises.

Exemple. — Un particulier très-*habile* dans l'art de *tailler* à la Bourse, M. Rapinard, se rend un jour au palais du dieu Mercure; le 4 1[2 faisait 92 fr.; il offre de vendre ferme, fin courant, 100,000 francs de rente de cette valeur à 91 francs, c'est-à-dire qu'il parie, en se fondant sur des conjectures que nous ne pouvons pas révéler ici, que le 4 1[2 descendrait au-dessous de 91 francs, sans quoi son pari ne lui aurait offert aucun bénéfice, puisqu'il était forcé de livrer à 91 francs. Un parieur se présente et achète à 91, fin courant. A cette échéance, le 4 1[2 était tombé à 88, perte nette pour l'acheteur 66,700 francs. — Morale de cette histoire : M. Rapinard *voyait dans les cartes* et jouait à coup sûr : c'était un véritable pari de fripon à niais.

Autre exemple. — Un autre particulier, non moins habile, dont la fortune personnelle se composait de 50,000 francs de rentes sur l'État, sait, de source certaine, qu'il existe entre son gouvernement, dont il est ministre, et une autre puissance étrangère des difficultés diplomatiques qui amèneront infailliblement une déclaration de guerre. Aussitôt, ce particulier met sa fortune à l'abri des éventualités, en vendant à 92 des rentes qui descendent, cinq ou six semaines après, à 85 francs : c'est ici plus qu'un vol, c'est une désertion et une lâcheté. Mais il y a plus encore : non content de sauver par une félonie ses propres capitaux, ce riche particulier joue à la baisse, sous le couvert d'un Agent de change et réalise en quinze jours plusieurs millions de bénéfices. Un pauvre diable qui volerait 10 centimes nuitamment, dans une maison habitée, passerait en Cour d'assises et serait certainement condamné à cinq ans de prison... Mais il est puissant, dit le poëte Gilbert : les lois ont ignoré son crime ! Et d'ailleurs, il n'y a pas de preuves ; le secret de l'Agent de change n'est-il pas inviolable !

Les deux grandes catégories des paris de Bourse, avons-nous dit, se subdivisent en autant d'espèces qu'il y a de manières de jouer sur les fonds publics.

Le jeu à terme et toutes ses combinaisons de ferme ou de prime, de hausse ou de baisse, est le roi de tous les paris de Bourse. Toutefois, ce n'est pas seulement un jeu où le hasard seul préside entre les parieurs, comme à la roulette ou aux dés, au lansquenet ou au baccarat ; c'est une opération où chaque joueur cherche, par tous les moyens, à diriger ou à connaître d'avance les résultats du hasard, et par conséquent à tromper son adversaire. Il n'y a pas, il ne peut pas y avoir, en effet, de jeu à terme, à la hausse ou à la baisse, ferme ou à prime, sans qu'il y ait au moins l'intention de se voler mutuellement, si l'on peut : car, si cette pensée n'est pas dans l'esprit des joueurs, il y aurait évidemment bêtise de leur part à prétendre que la rente sera fin courant, en hausse ou en baisse : autant vaudrait parier qu'il pleuvra dans quinze jours ou qu'il fera soleil. Mais que faites-vous, nous dira-t-on, du système des probabilités? Le système des probabilités n'existe pas plus dans le jeux de Bourse qu'autour d'un tapis vert : il n'y a de réellement probable au jeu que ce qu'une combinaison d'esprit ou l'habileté peut faire. Ainsi, il y a trois billes sur un billard : il est probable que je carambolerai. Mais voici une roulette ; dix fois, cent fois de suite la noire et l'impair ont gagné ; il n'est ni probable ni improbable que la noire et l'impair ne gagneront pas mille fois encore, dix mille fois de suite : le hasard n'est-il pas aveugle ?

Il en est de même dans les paris de Bourse. Qui vous dit qu'il y aura hausse? qui vous dit aussi qu'il y aura baisse? et sur quelles probabilités basez-vous votre opinion? Si vous jouez avec la connaissance certaine des événements, vous êtes un fripon devant Dieu et devant les hommes. Si vous savez que la liquidation, par exemple, sera difficile et que vous vendiez fin courant en hausse, alors qu'il pourra y avoir baisse, vous trompez votre acheteur, qui l'ignore ; le jeu n'est pas égal : vous êtes un flibustier. Vendriez-vous un mauvais cheval pour un bon, sans en prévenir votre acquéreur? Si vous jouez au hasard des événements et sans rien préjuger, mais avec l'intention de vous laisser exécuter, en cas de perte, ou d'empocher le gain, vous commettez une déloyauté, une escroquerie justiciable des tribunaux. Si vous pariez avec bonne foi, vous êtes un niais. Vous le voyez, de quelque côté que nous examinions votre cause, nous la trouvons mauvaise ; rien ne la justifie, rien ne vous excuse. Niais ou fripon, choisissez : voilà ce que vous êtes, parieur de hausse ou de baisse, de ferme ou à prime. Faire fortune sans trop de fatigue ni de travail, par n'importe quel moyen, serait-ce là votre unique but? Citons un seul exemple, pour mieux démontrer la vérité de nos dilemmes, celui du pari ferme.

Si les fonds sont à la baisse et que vous jugiez qu'ils doivent rester longtemps encore en souffrance, vous vendez au 1er avril, par exemple, livrables fin courant, 2,250 francs de rente 4 1[2, à 95 francs. Le 15 avril, le 4 1[2 est-il tombé à 93 francs, vous achetez à ce taux pour fin courant les 2,250 francs de rente que vous devez livrer à 95 francs, d'après la convention de votre premier marché. Mais comment préjugez-vous que la rente restera en baisse si longtemps, et même qu'elle baissera encore avant votre livraison ? Ce sont, dites-vous, des probabilités. Des probabilités ! vous voulez rire. Est-ce que le hasard a des probabilités ? Il n'a que des caprices qui persistent très-souvent contre toutes vos probabilités. Or, si vous jouez votre fortune, votre bonheur, votre avenir, votre honneur même et quelquefois votre vie sur les caprices du hasard, vous êtes un fou ou un niais. Dites plutôt que vous présumez, ou mieux encore que vous savez, d'après certaines confidences, que la rente baissera avant l'échéance de votre livraison : ce qui vous permettra d'acheter en baisse pour tenir votre premier engagement. Mais c'est par dérision sans doute que vous appelez cela jouer à la Bourse.

Et puis encore, comment osez-vous vendre 2,250 francs de rente dont vous ne possédez peut-être pas la première unité et que vous ne pourrez pas acheter, si on vous demande livraison? Celui qui va dans un magasin achete une marchandise quelconque, qu'il sait ne pouvoir pas payer, ou qui vend une marchandise qu'il n'a pas, est réputé pour un escroc devant la loi comme devant la société. Mais, direz-vous cela se pratique ainsi en Bouse. Qu'est-ce que tela prouve? si ce n'est que le monde boursicotier est un composé d'escrocs. Changez la morale des choses, ainsi que la signification des mots, et vous pourrez alors passer pour un très-honnête homme aux yeux de la conscience publique.

Comme tous les autres jeux de Bouse à terme, qui constituent le véritable pari, amèneraient les mêmes réflexions, nous nous bornerons à ce seul exemple. Le Lecteur doit être suffisamment édifié sur la loyauté et sur la probité boursicocières. Nous défions les casuistes les plus habiles de sortir de ce simple dilemme qui enserre les joueurs : niais ou fripons. Nous l'avons prouvé. Passons maintenant aux escroqueries plus patentes encore de la spéculation agioteuse.

LA SPÉCULATION AGIOTEUSE

De toutes les opérations qui se font en Bourse ou hors Bourse, la spéculation est sans contredit celle qui invente les moyens et les combinai-

sons les plus habiles pour surprendre le bien
d'autrui ; celle à qui tout est soumis aujour-
d'hui et qui a des tributaires dans toutes les
classes de la société, dans l'atelier, dans la ferme,
dans les magasins comme dans les docks et dans
les ports, dans les entrepôts et dans le commerce, sur la terre comme sur l'Océan et qui
passe avant l'École, l'académie, le théâtre, les
assemblées politiques, les congrès, avant l'armée, la justice, avant l'Église elle-même ; celle
qui fait le plus de dupes et qu'on pourrait, à
juste titre, surnommer le *vol au chantage*. Aussi
est-elle la réunion de tous les délits et de tous les
crimes commerciaux, du charlatanisme, de la
fraude, du monopole, de l'accaparement, de la
concession, de l'infidélité, du chantage, de l'escroquerie et du vol.

Aucune puissance, dit Proudhon, ni dans l'antiquité, ni dans les temps modernes, ne peut se
comparer à la sienne. Jamais les Templiers, les
Ordres de Jérusalem et de Malte, cette milice
si puissante, qui dominait les empereurs et les
rois, jamais les Ordres religieux les plus savants et les plus respectables, les Dominicains,
les Bénédictins, les Franciscains et les Jésuites ;
jamais les Tribunaux Véhmiques de l'Allemagne
et la Franc-Maçonnerie ne produisirent des effets plus prompts, plus universels, plus puis-

sants. Alexandre, Cyrus, César, Charlemagne, Louis XIV, Napoléon, dans toute leur gloire, n'étaient auprès d'elle que des pygmées. L'imprimerie elle-même, assistée de la vapeur et servie par les génies les plus profonds, les plus sympathiques, est au-dessous de cette puissance souveraine, qui trône invisible dans son temple, où chaque jour elle rend ses oracles, sinon toujours équitables, du moins toujours sûrs.

La spéculation, on le sait, ne se pique, ni de patriotisme, ni de gloire; elle ne connaît pas le point d'honneur, pas plus que la pitié; le droit et la justice, c'est son intérêt qui les règlent; son opinion se résume en francs et en centimes : aussi ne croit-elle à rien, si ce n'est à son thermomètre qui donne toujours, soit le signal d'alarme et la désapprobation, soit la confiance et l'approbation. Son temple est un véritable temple de Janus, d'où sort la paix ou la guerre, et qui règle les destinées du monde.

C'est dans le temple de la spéculation, le monument par excellence de la société moderne, que le philosophe, l'économiste, l'homme d'État, doivent aujourd'hui étudier les ressorts cachés de la civilisation, apprendre à résoudre les secrets de l'histoire et à prévoir de loin les révolutions et les cataclysmes. C'est là que les réformateurs modernes devraient aller s'instruire et apprendre leur métier de révolutionnaires. On ne peut dire à quelle hauteur ces hommes se fussent élevés, quelle prodigieuse influence ils eussent exercé sur les destinées du globe, si, maîtres, comme la spéculation, de nos flottes, de nos capitaux, de notre industrie, de nos propriétés, ils avaient eu la moindre étincelle de génie spéculatif, s'ils avaient été, dans la plus faible mesure, des prophètes de ce dieu qu'adorent les spéculateurs !

Par la nature même des choses, la spéculation boursicotière est ce qu'il y a de plus incoërcible, de plus réfractaire, de plus indomptable au pouvoir, en un mot, de plus libre. Vouloir étendre sur elle une main réglementaire, ce serait entreprendre une œuvre de Tantale; car, par l'anarchie qui lui est essentielle, elle échappe à toutes les constitutions gouvernementales et policières. Chercher même aujourd'hui à éclairer l'opinion publique sur les désordres et les erreurs de cette maîtresse absolue, c'est, nous le savons, vouloir gouverner dans les ténèbres d'Égypte, ténèbres si épaisses, dit-on, qu'elles éteignaient la lumière elle-même. Toutefois, il peut se faire qu'un jour l'excès du mal amène le remède, et que la spéculation, comme tout ce qui vieillit en France, tombe par l'exagération même et la corruption de ses idées. Quand la gloire et le génie tombent, pourquoi ce dieu de boue ne tomberait-il pas?

Certes, il faut bien le dire, la spéculation en général est essentiellement aléatoire, comme toutes les choses qui n'ont d'existence que dans l'entendement humain, qui sont le génie de la découverte et qui attendent la sanction de l'expérience ; mais la spéculation agioteuse et boursicotière, dont nous voulons parler, n'est pas seulement aléatoire dans son objet, elle est encore escroqueuse dans son but, illicite et immorale dans ses moyens, désastreuse et révolutionnaire dans ses effets ; car 20 fr. de hausse ou de baisse à la Bourse font la légitimité ou l'illégitimité des pouvoirs et déterminent leur stabilité ou leur chute.

Premier exemple de spéculation agioteuse.

La plus gigantesque spéculation financière et mercantile, dont il soit parlé dans l'histoire, est peut-être celle de l'aventurier Law, qui parut au dernier siècle, sous la Régence du duc d'Orléans. Il avait fondé, en 1717, sous la dénomination de *Compagnie des Indes*, une association qui devait embrasser tout à la fois les opérations de la banque, le commerce de la Chine, de l'Inde, de l'Afrique et de l'Amérique ; la ferme de l'impôt, la erme des tabacs, le remboursement de la dette publique, et substituer du papier aux écus, en guise de monnaie. Jamais conception financière n'avait été plus hardie ; amais les imaginations avides de choses nouvelles et de fortunes rapides n'avaient été plus facilement séduites et entrainées ; jamais aussi on ne s'était mieux joué, non-seulement de la crédulité publique, mais encore de la vie des hommes qui allèrent avec confiance prendre possession des terres inconnues de la Louisiane ; barbare effronterie, qui semblait absoute par l'avidité de ceux qui consentaient ainsi à être dupes ou victimes.

Le peuple entier, riches et pauvres, marchands et seigneurs, se précipita sur les actions imaginaires de cette banque du Mississipi, qui était devenue la banque de l'État, avec une telle avidité, avec une si grande imbécillité, que bientôt les actions manquèrent, et il fallut en créer de nouvelles. En 1710, elles valaient toutes ensemble 80 fois tout l'argent qui pouvait circuler dans le royaume. Ce fut alors un délire inouï d'agiotage et de corruption. Princes, artisans, magistrats, valets, duchesses, femmes perdues, tous se ruèrent pêle-mêle par les avenues sales et étroites de la rue Quincampoix, pour disputer ce qui restait encore d'actions, peu soucieux de donner au monde le spectacle d'une nation qui ne croit plus qu'à la loterie. Et comme il n'était pas facile de pénétrer dans le sanctuaire de la banque qu'on assiégeait nuit et jour, des succursales furent établies dans les abords du carrefour, dans les caves, dans les greniers, sur les toits, sous des tentes, dans la boue des ruisseaux, pour faciliter cet épouvantable jeu où le Régent conviait la France, et où se trafiquaient l'honneur et la fortune d'une nation. On eût dit que le gouvernement semblait prendre plaisir à éteindre toutes les passions généreuses pour les remplacer par une pensée d'avarice. Mais qu'importait au Régent l'honneur de sa patrie et la fortune publique, pourvu qu'il ne fût pas distrait au sein de ses orgies !

Cependant l'opération de la banque eut des résultats de toutes sortes. Et d'abord, elle produisit des exemples monstrueux de fortunes soudaines. Des laquais, exercés par leurs maîtres à l'agiotage, devinrent tout à coup de grands seigneurs. Dans les hautes classes, les exemples d'opulence eurent un autre caractère. Là, le vol avait été facile par les confidences du prince, de ses ministres et de ses roués. Le conseil de régence eut aussi ses scandales ; on vit même des ducs se faire mécontents pour se faire acheter, et la cour étala, dès ce moment, une opulence inusitée, qui semblait attester le pillage de la France.

Mais, pendant que Law entassait dans ses caisses tout l'or du royaume, et que l'argent monnayé, prohibé par des édits, disparaissait de la circulation au profit de cet aventurier, la masse intermédiaire de la nation était précipitée dans la gêne et la souffrance. Les rentes, réduites d'abord au denier cinquante, furent ensuite éteintes, les dettes payées en billets, et les petites fortunes détruites par l'absence totale des monnaies et le prix exhorbitant de tous les objets de consommation ; le roi lui-même, ô scandale ! l'Hôtel de Ville, et quelques maisons religieuses profitèrent de la facilité de se libérer en papier des rentes constituées : c'était là un désastre ou un crime !

Nous ne saurions redire ici l'exaltation de l'avarice, la fureur du gain, la chimère des entreprises, la honte des fortunes qui désolèrent et souillèrent ces temps funestes, dont la France a donné un second, mais plus faible exemple en 1844. Law, devenu contrôleur-général en 1720, avait soin d'alimenter sans fin cette avidité par les monstrueux mensonges du Mississipi et d'empêcher en même temps les joueurs de réaliser leurs richesses. On vit des hommes

graves prendre au sérieux es titres de marquisats et des comtés établis sur ces rives sauvages
et inconnues ; et l'on crut avoir improvisé une
civilisation dans ces déserts en y jetant des
filles de joie, ramassées dans les égoûts de Paris,
pêle-mêle avec une multitude d'Allemands qui
s'étaient vendus pour aller peupler le duché du
Mississipi. On donna même à Paris le spectacle
de quelques sauvages et d'une reine de la nation des Missouris, que l'on convertissait au
catholicisme et que l'on faisait courir après les
cerfs du bois de Boulogne, pour donner une
idée de ce pays merveilleux, sur le nom duquel on poursuivait des rêves éblouissants de
fortune : jamais ne s'était vu un pareil exemple
d'immoralité et de folie !

Quand enfin la stupidité publique et la corruption furent au comble, et que la popularité
fut épuisée, la barbarie vint se mêler à la cupidité. L'État se mit à employer la fraude et la
terreur pour faire rentrer dans ses mains toutes
les monnaies et ne laisser aux mains des porteurs de billets que des valeurs idéales ; il
proscrivit l'or, l'argent et les ouvrages d'orfévrerie.

Le délire du gain restait toujours le même ;
le jeu de la banque allait à des excès inouïs ;
l'orgie se mêlait aux trafics ; tout annonçait une

épouvantable décadence, et la nation se précipitait vers sa ruine par des saturnales sans frein et des joies sans pudeur.

Pendant ce temps-là, la misère publique s'était aggravée ; le crédit avait disparu, et Law, pour prévenir la chute totale de ses billets et de ses actions, en réduisit lui-même la valeur de moitié : coup fatal, insensé, qui fit jeter un cri d'épouvante aux portes mêmes du palais. Tout Paris se trouble à cette nouvelle ; on se précipite vers la banque pour retirer son or et son argent ; mais il n'y était plus. Alors la colère du peuple éclate, et le parlement commence enfin à se réveiller. Un peu de temps après, Law cédait par la fuite à l'orage qui le menaçait, et la France l'accompagna de ses anathèmes et de ses cris de malédiction.

Telle fut cette fameuse spéculation qui n'est pas une des moindres hontes de la Régence du duc d'Orléans, et qui a vu naître soudainement par l'agiotage et le vol des fortunes scandaleuses, comme il y en a tant encore de nos jours.

Deuxième exemple de spéculation agioteuse.

Parmi les autres chimères qui donnèrent lieu jadis à une fureur inouïe de spéculation, à une incroyable frénésie de jeu, n'oublions pas de citer la tulipomanie hollandaise. C'est dans l'année 1634 que les principales villes des Provinces-Unies commencèrent à se lancer dans un trafic destructeur de toute espèce de commerce. La fureur du jeu qu'il alluma provoqua l'avidité du riche et les folles espérances du pauvre, fit monter la valeur d'une fleur bien au-delà de son pesant d'or et finit, comme toutes les frénésies se terminent ordinairement, par toutes les fureurs et les misères du désespoir. Pour quelques personnes enrichies, il y en eut un nombre prodigieux de ruinées.

En 1634, on recherchait en Hollande les tulipes avec le même empressement qu'on a mis, en 1844, à Paris, à se procurer des promesses d'actions de chemins de fer. La spéculation a suivi exactement la même marche dans les deux pays. On prenait l'engagement de livrer certains ognons; et, par exemple, lorsqu'il ne s'en trouvait que deux semblables sur le marché, comme cela arriva une fois, alors châteaux, terres, chevaux, bœufs, étaient vendus pour payer les différences. On passait des contrats, on payait des milliers de florins pour des tulipes que ni le courtier, ni le vendeur, ni l'acheteur ne devaient jamais voir.

On peut juger jusqu'où allait cette manie, quand on voit établi par diverses autorités qu'il y avait telle tulipe que l'on paya en valeurs égalant 2,900 fr. de notre monnaie ; une autre variété fut payée 2,000 florins 2,320 fr. ; ou donna, en échange d'une troisième variété, un carosse neuf, deux chevaux gris et leurs harnais ; on livra douze acres de terre pour une quatrième. Il y eut un spéculateur qui réalisa en quelques semaines 60 mille florins, soit 69,600 fr.

Mais, à la fin, l'heure de la panique sonna ; la confiance s'évanouit ; on manqua aux engagements ; de tous côtés on cessa de payer, et les rêves dorés se dissipèrent. Ceux qui, une semaine auparavant, plaçaient les plus magniques espérances dans la possession de quelques tulipes, qui leur auraient suffi pour réaliser une fortune princière, restaient le visage allongé et l'œil stupéfait devant de mauvais ognons qui n'avaient aucune valeur et qu'ils ne pouvaient vendre à aucun prix.

Pour conjurer le mal, les marchands de tulipes convoquèrent des assemblées et firent de beaux discours dans lesquels ils prouvaient que leurs tulipes avaient plus de valeur que jamais, et que la panique était aussi absurde que mal fondée. Tous ces discours excitèrent de vifs applaudissements ; mais les ognons n'en restèrent pas moins sans valeur comme sans utilité.

Nous allons maintenant passer en revue les principales spéculations que ces derniers temps ont vu naître et où des centaines de millions ont été jetés sur le tapis vert de cet immense tripot qu'on appelle la Bourse, sans autre but qu'un ignoble agiotage favorisé par la stupidité publique.

Troisième exemple de spéculation agioteuse.

En 1845, les récépissés de la Compagnie Sellière pour les embranchements de Dieppe et de Fécamp sur le chemin de fer du Hâvre, donnèrent lieu à un agiotage qui fut poussé jusqu'à la frénésie. Les 36,000 actions, représentant le capital de la Compagnie, 18 millions, furent vendues et achetées plusieurs fois dans la même semaine, sans que vendeurs ni acheteurs eussent une opinion différente de l'affaire. Le même joueur achetait et vendait dans la même Bourse des actions qu'il ne possédait pas, qui n'existaient même pas encore. Ainsi, on vendait des récépissés à livrer aussitôt après l'émission ; puis, on vendait à terme des récépissés qu'on n'avait pas, qu'on n'entendait même pas acheter. Il ne s'agissait que d'un échange d'engagements et de payement de différences. La plupart même du temps, acheteurs et vendeurs ne connaissaient l'affaire que sous le nom de *Dieppe* à *Fécamp;* c'est-à-dire que s'ils avaient essayé de se rendre compte de l'affaire sur laquelle ils jouaient, ils auraient dû croire, et ils croyaient généralement, qu'il s'agissait d'un chemin de fer de Dieppe à Fécamp : ce qui eût été la chose du monde la plus absurde, tant il est vrai que spéculateurs et actionnaires sont de la véritable graine de niais.

Quatrième exemple de spéculation agioteuse.

La société du Palais de l'Industrie n'a pu se constituer, on le sait, et le monument n'a pu se construire qu'à la condition que le gouvernement garantit un intérêt annuel de 4 °/₀ du capital engagé dans l'entreprise. Personne n'a jamais cru, en effet, qu'une construction colossale, impropre à tout autre usage qu'aux expositions quinquennales, qui devait coûter 17 millions et donner tous les cinq ans des profits très incertains, fût une affaire industrielle. Cependant, dès l'émission, les actions de 100 fr. au pair faisaient 30 fr. de prime; en 1854, le monument n'étant pas encore achevé, elles se côtaient 170 fr.; elles ont même monté jusqu'à 176 fr.; c'est-à-dire que pendant que le 4 1/2 mieux garanti était à 92 fr., la foule des spéculateurs, foule stupide et vorace, se ruait sur cette espèce de *4 %* du Palais de l'Industrie à 176 fr., retombé aujourd'hui, *in articulo mortis*, à 70 fr. — Lecteurs, un *De profundis* pour les morts et un *Miserere mei* pour la bêtise publique.

Cinquième exemple de spéculation agioteuse.

Le gouvernement de Louis-Philippe mit en adjudication le chemin de fer de Paris à . . . . Plusieurs sociétés se présentèrent en concurrence pour obtenir cette concession. Au lieu de soumissionner au rabais, comme cela paraissait naturel et dans l'intérêt même de ces sociétés, elles convinrent, la veille des enchères, de ne déposer entr'elles toutes qu'une seule soumission et de se partager le lendemain les actions de l'entreprise. Elles obtinrent ainsi un bail de 99 ans, quand, par une concurrence sincère, il n'aurait pu être que de 50 ans. C'était une véritable coalition, aux termes mêmes de la loi ; mais le monde financier nomme cela une spéculation.

Sixième exemple de spéculation agioteuse.

Puis, ce premier tour fait, les journaux publièrent des études habilement rédigées, por tant que le rendement de ce chemin ne serait pas moindre de 10 à 15 °/₀. Sur cette nouvelle, les actions s'élevèrent de 500 fr. à 1000 fr. Alors, les premiers souscripteurs vendirent et réalisèrent la plupart des millions de bénéfices. Mais l'expérience ayant bientôt démontré que le rendement de cette voie n'était que de 7 1/2 °/₀, les actions tombèrent de 1000 fr. à 650 fr. : différence, 350 fr. par action que perdirent les acquéreurs et seconds actionnaires. C'est là, ce nous semble, le vrai type de la charlatanerie macairienne ; mais, dans les mœurs nouvelles, on donne à cela le nom pompeux de spéculation.

Septième exemple de spéculation agioteuse.

Après la révolution de 1848, il fut longtemps question d'annuler la concession du chemin de fer de Paris à Lyon. La compagnie n'avait pas fourni son cautionnement ; elle était en outre dans l'impossibilité d'exécuter et sollicitait même l'annulation de ses engagements : aussi ses actions étaient-elles tombées très-bas. Mais l'Assemblée législative, sollicitée, prit l'affaire en main, rédigea un nouveau cahier des charges, fit de nouvelles conventions et vota une loi nouvelle. Le lendemain du vote, les actions

haussèrent dans une seule Bourse de 400 fr.
Cet abus des influences donna lieu à une nouvelle fièvre de spéculation agioteuse.

Huitième exemple de spéculation agioteuse.

Depuis le 2 décembre 1851, les chemins de
fer ne se donnant plus par adjudication, mais
par concession directe, les coalitions entre Compagnies soumissionnaires devenaient impossi-
bles ; le génie spéculatif se reporta alors tout
entier sur la sollicitation. Or, il est bien difficile, quelle que soit l'intégrité des dépositaires
du pouvoir, qu'ils échappent aux filets des soi-
disant spéculateurs qui trouvent toujours le
moyen de se faire appuyer auprès de tel ou tel
personnage par les représentants accrédités d'un
gouvernement ami. La spéculation agioteuse se
mit donc à faire de l'intrigue diplomatique.
Réussit-elle parfois ? Les hauts spéculateurs le
savent.

Neuvième exemple de spéculation agioteuse.

Une Compagnie de chemin de fer acheta la
batellerie des rivières et des canaux qui pouvaient faire à sa ligne une concurrence dangereuse pour le transport des marchandises et des

voyageurs. Le prix du matériel était de 10 millions qui furent payés comptant. Cette redoutable concurrence fut donc détruite, la naviga-
tion anéantie, et le public commerçant et voyageur dépouillé d'une industrie précieuse et
rançonné sur toute la ligne. Il y avait ici monopole; mais surtout spéculation.

Dixième exemple de spéculation agioteuse.

Une Compagnie s'était formée pour l'exploitation d'une industrie métallurgique. Les bénéfices de la fabrication ne paraissant point à cette
Compagnie assez considérables, elle songea à se
faire acheter avec indemnité par l'État. En conséquence elle sollicita sous main, par des voies
détournées, la suppression générale de son industrie, sous prétexte d'insalubrité, et peu s'en
fallut qu'un décret, prononçant à la fois et la
suppression de toute une branche de travail et
l'indemnité de ces agioteurs, ne fut rendu. Si
ce plan eût réussi, la Compagnie réalisait, outre
son capital, un léger bénéfice de quelques millions. Cette fois, la spéculation agioteuse avait
hypocritement pris le masque de la philantro-
pie; elle s'était faite *humanitaire, dame de miséricorde, sœur de saint Vincent de Paul,* pour
mieux dissimuler la perfidie de son dessein.

Mais qu'importe à la spéculation la fortune publique et le travail de l'ouvrier, pourvu qu'elle soit puissante et millionnaire! Quand on sacrifie son propre honneur et quelquefois l'honneur de son nom en des opérations macairiennes, on ne saurait se faire un scrupule d'enlever au pauvre son pain de chaque jour. La compassion n'entre pas facilement, on le sait, dans l'âme égoïste et cupide d'un spéculateur.

Onzième exemple de spéculation agioteuse.

Un riche particulier, qui compte sa fortune par millions, s'avisa un jour d'acheter tous les cuivres, au fur et à mesure de l'extraction. Maître alors du marché, l'industrie métallurgique, qui ne peut pas plus se passer de cuivre qu'un homme d'air et d'eau, se vit forcée de payer, en sus du prix, une prime de 25 à 50 du % : c'était ici un véritable accaparement défendu par la loi; mais la spéculation agioteuse est parfois si puissante!!!

Douzième exemple de spéculation agioteuse.

Une maison de banque bien connue fit mieux encore : elle se rendit propriétaire des mines de mercure, métal indispensable, comme on sait, à l'exploitation des minerais d'or et d'argent. Toute propriété étant inviolable, ladite maison de banque put prélever à l'aise, outre le prix normal du mercure, un droit de 10 °/₀ sur l'extraction des métaux précieux. De quel nom qualifier cette aliénation du domaine public? Dans le langage moderne, on appelle cela faire une bonne spéculation.

Treizième exemple de spéculation agioteuse.

Un juif, qui en était, il y a quelques années, à gagner ses premiers cent mille francs, fonda un journal dans une grande ville. Dans la partie nécrologique, il s'avisa de publier, sous prétexte de statistique médicale, à côté du nom de chaque personne décédée, le genre de maladie, le mode de traitement, avec le nom et l'adresse du médecin. Aussitôt la savante corporation s'empressa d'imposer silence au malencontreux révélateur, moyennant une grosse indemnité. Un pareil homme ne pouvait manquer de devenir millionnaire! Mais qu'avait-il fait? si ce n'est du chantage ou de l'intimidation : il dut appeler cela de la spéculation.

Quatorzième exemple de spéculation agioteuse.

Il dépend, on le sait, presque toujours d'un ministre et de son rapport plus ou moins favorable, que telle mine, par exemple, soit concédée à une compagnie de capitalistes, en instance auprès du gouvernement. Toutefois, il sait que cette concession, que la loi l'oblige d'accorder gratuitement, fera gagner à la Compagnie impétrante dix millions au moins. N'osant pas demander un pot de vin, comme cela s'est vu pourtant, le ministre prend un détour pour s'abstenir : il laisse donc cette affaire en souffrance jusqu'au jour où un agent de la Compagnie dépose sur sa cheminée un portefeuille contenant cent billets de 1000 francs. C'est là une concussion, me direz-vous, naïfs Lecteurs ! c'est possible ; mais c'est aussi une des nombreuses formes que revêt la spéculation.

Quinzième exemple de spéculation agioteuse.

Diverses sociétés se formèrent un jour pour le percement d'un puits dans un bassin houiller qu'on savait être fort riche, mais jusqu'alors à peine exploité. C'était une richesse qu'elles allaient bien certainement mettre au jour, une valeur immense qu'elles allaient créer. Pour assurer au public le bénéfice d'une partie de cette richesse, le gouvernement établit certains droits sur l'extraction, tant au profit de l'État qu'en faveur des propriétaires du terrain ; de plus, il défendit, sous peine de révocation, l'agglomération des mines, soit par vente, soit par fermage. Mais si le fermage et la vente des concessions minières nous sont interdits, se dirent ces sociétés de logiciens, l'association ne l'est pas : c'était parfaitement raisonner. Une grande Compagnie charbonnière se forma donc entre ces Sociétés concurrentes pour l'exploitation unitaire, pour la vente et la hausse du prix des houilles ; et il y eut tant d'intérêts respectables, politiques, diplomatiques, judiciaires, parlementaires, engagés dans cette association que le gouvernement n'a jamais pu y trouver remède. Voilà la véritable manière d'éluder la loi ; voilà aussi de la spéculation.

Seizième exemple de spéculation agioteuse.

Certaines Compagnies qui ont obtenu des concessions distinctes de canaux et de chemins de fer s'entendent un jour ; mais cette fois avec l'approbation du gouvernement, non pas précisément pour améliorer le service des transports ou pour en diminuer le tarif; mais, au contraire, afin d'en relever et maintenir les prix. Pour plus de sûreté, après avoir fixé l'apport et le revenu de chaque Compagnie, elles se groupent sous une administratton centrale et confondent leurs intérêts. On s'est demandé si le public avait gagné à cette fusion. Toutefois, ce qu'il y a de certain, c'est que lesdites Compagnies y ont gagné de plus grands bénéfices. Est-ce que par hasard les chemins de fer seraient établis pour enrichir quelques hommes seulement et non dans l'intérêt du public? Mais le public! Qui s'en occupe? Et ne faut-il pas que cette pauvre spéculation vive, et que les Lorettes qu'elle entretient vivent aussi? On a reproché amèrement, on reproche encore chaque jour à l'ancienne Noblesse d'avoir fait du manant une machine taillable et corvéable à merci : aujourd'hui, c'est la Bourgeoisie qui exploite et les nobles et les manants, et personne n'ose élever la voix contre cette insolente et despotique Bourgeoisie! N'aura-t-elle donc jamais, elle aussi, son 89?

Dix-septième exemple de spéculation agioteuse.

Une institution de crédit s'établit, il y a quelques années, sous la forme d'une société anonyme, pour l'achat et la vente des actions industrielles. Les administrateurs de cette société, devenus les patrons obligés de toutes les entreprises, profitèrent de leur position pour se faire offrir de tous côtés des actions qu'ils reçurent comme simples particuliers, au pair ou même en baisse, et qu'ils s'achetèrent ensuite à eux-mêmes, en leur qualité d'administrateurs de la Société, au nom, pour compte et avec les fonds de cette Société, à 100, 150 et 200 fr. de prime. Il y avait certainement là confusion d'attributions et infidélité ; mais, comme c'était aussi de la spéculation, la spéculation ne s'en fâcha pas.

Dix-huitième exemple de spéculation agioteuse.

Une Compagnie se forma, au capital de 60 millions, pour la construction d'un chemin de fer d'une longueur de 120 kilomètres, tous frais de matériel, gares, embarcadères, stations, etc., compris, à 500,000 fr. par kilomètre ; c'était, il faut en convenir, un peu cher, attendu que la moyenne des autres lignes est de 391,000 fr par kilomètre : mais on était au début de ces entreprises gigantesques ; le public etait enivré on s'arrachait les actions ; on jetait l'argent par les fenêtres. Cependant, au lieu de 60 millions, la voie en coûta 96, soit 800,000 fr. par kilomètre. Mais il se trouva que les fondateurs, administrateurs, directeurs, gérants, inspecteurs et patroneurs de la Compagnie étaient en même temps, pour son compte, entrepreneurs de terrassements, de viaducs et de tunnels, fournisseurs de rails, de traverses et de coussinets, constructeurs de locomotives, etc. Les marchés qu'ils passaient pour les objets divers, au nom de la Compagnie et en qualité de fondés de pouvoirs, ils les signaient comme partie contractante, avec cette même Compagnie, chose permise par le système de société anonyme, quand elle n'est pas expressément défendue par la loi. Aussi, l'histoire de cette ligne est devenue tristement célèbre par ses folles dépenses et ses gaspillages inouïs. Mais c'était encore de la spéculation ; et la spéculation excusa le cumul et la collusion de tout ce monde de spéculateurs avides de fortune.

Dix-neuvième exemple de spéculation agioteuse.

Une société en commandite s'annonce un jour au public, sous le patronage le plus respectable, et avec les plus beaux rapports d'ingénieurs, pour l'exploitation d'une mine. Les actions gagnent en une semaine 100 p. %. Alors les concessionnaires ou leurs ayant droit, ainsi que les premiers souscripteurs d'actions qui, de connivence avec eux, ont monté l'entreprise, réalisent vite. Puis, quand arrivent les fouilles, on s'aperçoit que la couche est bouleversée, inexploitable. On s'est trompé, dit-on au public ; par conséquent, affaire nulle ; les actions valent zéro, c'est-à-dire, ce que vaut un chiffon de papier. Mais rendez donc l'argent, disait le sens commun en s'appuyant sur la loi de 1810, — Non, répondent les compères ; l'exploitation d'une mine est une entreprise aléatoire ; vous n'avez pas le droit de vous plaindre. — Il y avait là évidemment mystification d'abord ; escroquerie ensuite ; macairisme ; en un mot, spéculation.

Vingtième exemple de spéculation agioteuse.

Le besoin se fit sentir, il y a quelques années,

d'une communication directe et rapide entre l'Europe occidentale et les ports orientaux de l'Amérique. Une Compagnie puissante, patronée et commanditée par l'État, pouvait seule exécuter un pareil service. On demanda donc au gouvernement qu'il voulût bien garantir une subvention annuelle de 10 à 12 millions par an, et la Compagnie se formerait aussitôt. 10 millions par an ! il y a de quoi doter 20 mille rosières !... En même temps, les ports de l'Océan et de la Méditerranée, les Chambres de commerce, les Municipalités, les Conseils-Généraux, les journalistes, un tiers de la France, se mit en mouvement pour avoir part à l'immense curée. La sollicitation arriva des quatre points cardinaux au ministère, d'autant plus effrontée, qu'au moment même où les solliciteurs demandaient protection pour la marine, ils prêchaient le libre-échange pour tout le reste. Nous appellerons cela favorisme, dilapidation, corruption ; mais le monde moderne l'appelle spéculation.

Telle est, en général, la spéculation agioteuse. Elle se multiplie sous mille formes, s'attaque au travail, au capital et au commerce, dont elle s'approprie le plus clair, le plus net et le plus beau ; elle singe et déshonore la véritable spéculation, la spéculation utile, dont les poursuivants généreux et modestes ne recueillent trop souvent pour récompense que la misère, tandis que les amants éhontés de la spéculation agioteuse, les *manieurs d'affaires*, comme on les appelle, ces maltotiers sans vergogne ni courage, insultant à la morale publique, nagent dans les honneurs et l'opulence, entretiennent richement des Lorettes et se font grands seigneurs devant le pauvre honnête, quand ils seraient bons tout au plus à être ses valets.

Indiquons maintenant aux niais, dont on pipe les écus à la hausse ou à la baisse, l'un des mille moyens employés par la spéculation agioteuse pour lancer une affaire. Et pour n'être pas accusé d'exagération, nous laisserons la parole à un chef d'emploi de la *Lignéenne*, parlant en police correctionnelle, sous la sténographie de la *Gazette des Tribunaux*.

« J'ai, par exemple, cinq courtiers, dit ce chef d'emploi ; je leur remets à chacun mille actions de la société qu'il s'agit de *lancer*. Ils arrivent à la Bourse. La Compagnie est déjà connue par des prospectus. Ils offrent de vendre immédiatement au comptant les actions dont ils sont détenteurs et offrent en même temps de les racheter à terme avec plus ou

moins d'*ecart*, sur lequel écart est déduit encore
le montant d'une prime.

« Je m'explique par un exemple. J'offre mille
actions de la *Lignéenne* au comptant et au pair
à 100 fr.; j'offre en même temps de les reprendre à la liquidation prochaine à 110 fr., dont
5 fr. de prime. Cela veut dire que quand la liquidation arrivera, si je ne veux pas prendre
livraison des actions que je viens de racheter
à 110 fr., mon vendeur les gardera, moyennant
que je lui paye 5 fr. par action. (Et puis, dites
que l'actionnaire n'est pas un niais!)

« Il aura ainsi gagné 5 fr., et l'action qu'il
avait payée 100 fr. ne lui en coûte plus que 95.
Il peut recommencer la même opération pendant un nombre de liquidation indéterminé,
avec chance de toujours gagner la prime et sans
aucune chance de perte; car le pis qui puisse
lui arriver, c'est de voir l'acquéreur prendre
livraison si les actions montent, et dans ce cas
on les lui paye.

« Voilà comment il est possible d'ouvrir un
marché à la Bourse sur la première valeur venue. Il faut trouver un vendeur et un acheteur (de même que pour faire un civet de lièvre
il faut un chasseur et un lièvre). Le vendeur,
c'est celui qui apporte ses titres (c'est-à-dire
celui qui chasse le lièvre); l'acheteur, c'est

celui qui se résout très-facilement à prendre des actions au comptant, quelle que soit leur valeur, puisqu'en même temps qu'il les prend d'une main au comptant, il les lâche de l'autre à terme avec profit. (Mais si l'affaire est mauvaise, perte nette pour le porteur : 95 fr. par action.) Cette opération a pour effet immédiat de produire la haussé. »

Et puis, une fois la hausse produite, aurait pu ajouter le même chef d'emploi, les moutons de Panurge arrivent en foule, et les compères se voient arracher contre beaux et bons écus leurs chiffons de papier, sur lesquels ils semblaient faire dans leur coin des transactions si animées. Voilà bien pour la hausse ; mais écoutons encore notre révélateur indiscret pour savoir comment on opère à la baisse.

« Voici, dit-il, comment opèrent les Baissiers. *Sans avoir d'actions* (l'aveu est joli!), ils en vendent des quantités plus ou moins considérables, suivant le crédit dont ils peuvent disposer. Or, plus une marchandise est offerte, plus son cours baisse. Quand les actions sont descendues à un cours inférieur à celui auquel ils les ont vendues, ils les rachètent et gagnent ainsi la différence.

« Ces opérations de Baissiers ont une grande influence sur le marché ; elles ont pour effet de

E.

forcer les vendeurs à prime d'abandonner leurs primes, d'où résulte nécessairement une dépréciation de la valeur.

« Tel est le mécanisme des opérations de Bourse pour l'établissement d'un marché, et voilà comment je m'y suis pris pour *lancer* la *Lignéenne.* » *Ab uno disce omnes.*

Une autre manière plus ingénieuse de lancer une affaire et d'éviter adroitement le chemin de l'impitoyable Correctionnelle, c'est de se donner, comme à l'Opéra, une clique et une claque qui, par ses applaudissements chaleureux, fasse taire la critique et mette le spéculateur en rut, comme dit pittoresquement Proudhon ; en voici la recette selon la formule macairienne des modernes spéculateurs. Prenez 4 onces d'habileté financière, 6 onces de poudre d'or à l'adresse d'un journaliste sans conscience, 10 onces de grosse caisse, de clarinette, de hautbois et de trombonne dans un journal bien achalandé, 12 onces de bêtise chez les individus qui ne savent que faire de leurs capitaux ; triturez, mélangez le tout ensemble pendant 15 jours, et vous aurez une excellente glu pour prendre au vol les trop confiants melons, cornichons et goujons. Expliquons-nous et citons un exemple.

Un des rois de l'agio écrivit un jour la lettre

suivante à MM. Polydore, dit *Prend toujours*,
Brutus, surnommé le *Sans-culotte*, Oscar, plus
connu sous le nom de *O bouteille, ma mie*, et
Bienvenu, dit *Ventre affamé*, tous les quatre
journalistes de la grande presse, assez bien
placés dans leur propre estime :

« Monsieur, j'ai l'honneur (lisez l'audace) de
« vous prévenir que je vous ai accordé..... ac-
« tions dans une entreprise de...., et que je les
« ai vendues d'après vos ordres (traduction li-
« bre : je vous fais un cadeau de..... actions
« pour avoir le droit de faire dire à votre plume
« vénale et sans conscience tout ce qu'il me
« plaira de lui dicter). Veuillez donc, je vous
« prie, passer à ma caisse pour y toucher vos
« différences qui s'élèvent à..... »

Les susdits journalistes de la grande presse
furent d'abord étonnés d'une pareille épître;
car ils n'avaient donné à aucun agioteur ordre
ni d'achat ni de vente de quoi que ce soit. Puis
ils comprirent. Ils allèrent donc aussitôt toucher leurs différences, firent un bon dîner au
café Riche, se donnèrent une calèche pour aller
digérer au bois de Boulogne avec quelques
déesses endimanchées; et la digestion faite, ils
firent un article pompeux en faveur d'une entreprise qu'ils ne connaissaient pas, mais qui
achetait leurs éloges avec tant de délicatesse et

surtout avec des différences si agréables *auditu et visu.* Mais, direz vous, de pareils journalistes sont d'infâmes compères ! C'est possible, naïfs Lecteurs. Nous ne sommes ici qu'historien et point moraliste. Les plus infâmes, à nos yeux, ne sont pas ceux que l'on séduit par la vue et le son d'un écu de cent sous, mais ceux qui cherchent à séduire. Les jouissances matérielles, un bon dîner, une calèche pour se promener, une Lorette, un somptueux appartement, ont tant d'attraits, et notre pauvre humanité est si faible !

Voici maintenant un autre genre de spéculation agioteuse dont l'authenticité nous est garantie par l'inexorable Proudhon.

Vingt et unième exemple de spéculation agioteuse.

Certain aventurier d'une ville d'Afrique était, comme tant d'autres, à la recherche d'une idée qui lui fit faire rapidement fortune. Un jour il se lève tout radieux, et, se frappant le front : J'ai trouvé ! s'écrie-t-il comme Archimède. — Mais quoi ? — Vous allez le savoir. Il brosse son habit rapé, plus rapé même que le vieux manteau du Juif-Errant, cire ses bottes à soupape, met du linge blanc et s'en va trou-

vér le gouverneur de la susdite ville d'Afrique.
L'intérêt de la morale, dit-il, l'amène auprès
de l'autorité. Les honnêtes habitants de la cité
s'indignent de l'audace avec laquelle s'étale la
prostitution ; et il vient demander au nom de
ses concitoyens qu'un arrêté relègue au plus
vite les maisons de débauche dans un certain
quartier isolé, à peu près désert, où le scandale, dit-il en se signant d'un air béat, n'aura
pas de témoins. Le haut fonctionnaire, père de
famille et gardien de la morale, un peu spéculateur aussi, promet de s'occuper de l'affaire
dans le plus bref délai.

Cette première démarche faite, notre aventurier court chez un banquier. — J'ai besoin, lui
dit-il, d'une caution. Je ne demande pas d'argent ; et il expose au financier son idée. — C'est
de l'or en barre, lui répond l'homme aux écus,
J'accepte ; mais.........

Le jour où parut l'édit moralisateur, notre
aventurier se trouvait locataire à bail de toute
la rue assignée aux maisons de tolérance ; toutefois, il n'eut que le tiers dans les profits de
cette ignoble affaire. Proudhon affirme tenir le
fait de l'aventurier lui-même et connaître le
nom du gouverneur et celui du banquier qui
a touché 9,000 fr. pour sa part de bénéfice.

La spéculation, très-habile de sa nature, a

quelquefois l'air de se ruiner, tout en faisant
très-bien ses propres affaires. En voici un exemple authentique.

Vingt-deuxième exemple de spéculation agioteuse.

Un certain richard, capitaliste ou banquier,
peu importe, mais adroit spéculateur, afferme à
un très-haut prix un tout petit chemin de fer
que Petit-Poucet, avec ses bottes de sept lieues,
eut franchi d'une seule enjambée, et qui, loin
de donner des bénéfices, ne couvrait pas même
ses frais. — A quoi songiez-vous donc, mon
cher, lui dit un jour un de ses amis, lorsque
vous avez fait un pareil marché. Vous, qu'on
répute si prudent en affaires, vous avez fait
preuve ici d'une très-grande inexpérience. —
A ces mots, l'interpellé rit sous cape. C'est peut-
être une mauvaise affaire, répondit-il; mais
j'en courrais les risques. Au bout d'un certain
temps, le prolongement du petit rail-way en
question devint tête d'une ligne considérable.
Alors les nécessités du service exigeant la cassa-
tion du bail, notre prévoyant fermier invoqua,
au nom de la justice, le respect des conventions. Toutefois, dans l'intérêt public, il consentit à faire un sacrifice; et le bail fut annulé,

moyennant une légère indemnité de deux petits millions.

Voici une autre anecdote de spéculation agioteuse où les voleurs eux-mêmes furent volés par de plus adroits larrons.

Vingt-troisième exemple de spéculation agioteuse.

Deux habiles spéculateurs avaient un jour besoin de produire, soit une hausse, soit une baisse, sur certaines valeurs industrielles. Le moyen était facile, et l'exécution plus facile encore. Nos deux gros bonnets financiers entrèrent donc en conférence, se parlant en pleine Bourse d'un air discret, mais de manière à éveiller l'attention de quelques agioteurs. Des coulissiers, le nez au vent, l'oreille et la queue en arrêt, comme de vrais chiens de chasse, ayant vu ce qu'on voulait bien leur faire voir, se dirent en eux-mêmes : il y a des nouvelles! Et aussitôt les voilà tous, chacun pour son propre compte, en quête du mystère qui ne demandait qu'à se laisser découvrir. Seulement, chaque investigateur, ils n'étaient que deux ou trois cents, convaincu qu'il en avait seul connaissance, opéra sur ces valeurs avec une confiante sécurité. Mais, en voyant l'unanimité de

leurs tendances et la hausse arriver, ils com
prirent, un peu tard, qu'ils avaient donné e
plein dans le piége : fin courant, ces mêmes va
leurs étant en baisse, ils durent payer pour n'ê
tre pas impitoyablement exécutés. Nos deu
habiles spéculateurs avaient seuls réalisé d'as
sez gros bénéfices.

Vingt-quatrième exemple de spéculation agioteuse.

Une autre fois, le bruit d'une fusion de com
pagnies, d'un accroissement de concession, s
propage en Bourse. — Bon ! se disent *in pett*
les Boursicotiers, les titres vont monter ; c'es
le cas de jouer à la hausse ; seulement, atten
dons que la nouvelle prenne consistance. L
hausse se caractérise un jour très-nettemen
C'est le moment d'acheter, se disent encore le
mêmes Boursicotiers. Et les demandes d'acha
affluent et poussent tout naturellement à l
cherté des titres. Enfin, le grand jour arrive
la fusion n'est plus une hypothèse ; c'est un fai
accompli, officiel. — La belle liquidation, pen
sent les acheteurs ! Mais voilà que les action
restent stationnaires ; elles ont même une lé
gère tendance à la baisse. Pauvres dupes ! l'af
faire était escomptée, quand vous vous êtes dé

cidés à spéculer ; en d'autres termes, on s'est moqué de vous, tout en vous volant. C'est ce que nous avons appelé plus haut le *vol à la nouvelle*.

Parmi les vols à la nouvelle, n'oublions pas de mentionner ici, pour mémoire seulement, le fameux message du Tartare, ce gascon de l'Orient, annonçant la prise de Sébastopol. Les souverains se complimentèrent sur ce beau fait d'armes, et l'Europe entière fut dupe pendant vingt-quatre heures. Qui en avait eu l'idée ? L'histoire ne le dit pas encore ; mais ce qu'elle rapporte, c'est qu'il y eut, ce jour-là, beaucoup de spéculations à la Bourse.

La haute spéculation agioteuse professe avec assez d'habileté un autre genre de vol, que nous appellerons le *vol à la baisse*, et qui consiste, comme dans l'affaire de la *Lignéenne*, à vendre dans une seule Bourse une quantité plus ou moins considérable de valeurs, afin d'en déprécier le cours et de le faire tomber, pour acheter ensuite en baisse et revendre un peu plus tard en hausse. On cite un Agent de change, bien connu du reste par la hardiesse de ses spéculations à la baisse, qui, à la Bourse du jeudi, 11 septembre 1851, fit éprouver une baisse subite aux actions du chemin du Nord, en en vendant une très-grande quantité dans la même

Bourse, opération qui effraya es porteurs et écrasa le cours de ces titres. Ces sortes de manœuvres, très-peu loyales en elles-mêmes, sont punies, par l'article 419 du Code pénal, d'une amende, de a prison et de a surveil.ance de a haute police. Mais le Syndicat des Agents de change ne jugea pas à propos de dénoncer au parquet de M. le procureur impérial l'Agent prévaricateur qui en fut quitte pour une semonce assez verte infligée par M. Mirès lui-même, dans son *Journal des chemins de fer*.

De pareilles spéculations, essentiellement frauduleuses, se renouvellent assez souvent en Bourse, et personne n'a le courage de dénoncer le coupable à la justice qui peut ainsi poursuivre impunément le cours de ses méfaits. Cependant, nous l'avons prouvé, la loi défend expressément à l'Agent de change d'agioter pour son propre compte et même de prêter son ministère à des opérations de jeu. Mais les Agents de change, en général, ne tiennent nul compte de la loi ; ils spéculent presque publiquement, et comme ils connaissent à l'avance, par les ordres qu'ils ont reçus, quelle sera la physionomie de telle ou telle séance, ils jouent presque à coup sûr, et sans que la loi puisse jamais les atteindre.

Et, en effet, autour de l'Agent de change gra-

vitent cinq ou six associés commanditaires
dont plusieurs n'ont acheté leur fraction de
charge que dans l'intention de jouer avec plus
de sécurité et surtout d'être initiés aux grandes
opérations boursicotières. L'Agent de change
peut donc facilement éluder la loi en faisant
faire ses opérations par l'un de ses associés.
Mais c'est de la contrebande, direz vous, naïfs
Lecteurs ! C'est possible ; et quoique du contre-
bandier au brigand, il n'y ait pas l'épaisseur
d'un cheveu, témoin le fameux Mandrin, toujours est-il que la loi ne defend pas à un Agent
de change de posséder pour son propre compte
des titres de rente et des actions de chemins de
fer. Or, comme la qualité de rentier et de propriétaire d'actions n'a rien d'incompatible avec
celle d'officier ministériel, rien ne peut donc empêcher un Agent de vendre ou d'acheter des valeurs ; et lui seul est juge de l'importunité de la
vente et de la suffisance du prix. C'est donc la
base qui est fausse : un Agent de change, comme
un homme d'État, ne devrait pouvoir être ni
rentier ni actionnaire, ou bien on devrait punir
sévèrement tous les délits de Boursicotérisme
et faire, comme on dit, un exemple, un sacrifice à la morale publique.

« Le prince de Talleyrand, dit M. de Mériclet,
avait très bien compris la difficulté des jeux de

Bourse et l'impossibilité de faire des bénéfices en jouant pour jouer. Aussi, quand il faisait une opération, une spéculation de Bourse, il la voulait faire à coup sûr. Ce n'était jamais qu'avec l'appui d'un secret important, ou d'un événement dont il prévoyait la portée, qu'il se mettait au jeu. Il était d'ailleurs très-méfiant. Ce fut lui qui répondit un jour à l'un de ses amis qui se plaignait d'avoir été trompé au jeu : « C'est « abominable ! mais trouvez-moi un autre « moyen de gagner. »

Un jour pourtant, ce roué de la diplomatie fut pris au piége de ses finasseries. Croyant et jouant à la baisse, il avait fait vendre en quelques jours 600,000 fr. de rentes à découvert. L'Agent du prince n'était pas sans inquiétude; car la tendance à la hausse était nettement accusée. Tout à coup, on apprend l'intervention de la France en Espagne. C'était la guerre, et la guerre effraye toujours la Bourse : le prince de Talleyrand le savait bien. Mais on apprit presque au même temps, que les puissances étrangères donnaient leur assentiment à cette intervention. La Bourse alors ne fut nullement effrayée, et la rente persista à monter. La vente de ces 600,000 fr. de rente produisit une perte de 100,000 fr. L'Agent présenta lui-même son compte de liquidation au prince, qui le reçut très-gracieusement, paya sa dette et se contenta de dire : « Nous serons plus heureux une « autre fois. »

Vingt-cinquième exemple de spéculation agioteuse.

La haute spéculation ne pouvant pas toujours opérer avec les secrets de l'Etat, ni vendre des priviléges et des concessions, comme dans la triste affaire des mines de Gouhenans, les habiles ont su trouver des combinaisons de sociétés non moins productives qu'une position officielle aux mains d'un fonctionnaire malversateur. Le puissant *Crédit mobilier* va nous en fournir un exemple. Mais laissons parler l'illustre orateur qui prit la parole dans le fameux procès Goupy.

« Le crédit mobilier, disait M. Berryer, est la plus grande maison de jeu qui ait jamais existé dans le monde. Il ne faut pas se payer de vains mots. Il y en a de magnifiques, je le sais : la protection de l'industrie, l'affranchissement du crédit de l'Etat, le développement du crédit particulier, la consolidation de toutes les valeurs industrielles, c'est-à-dire un rêve. Tout cela, c'est de l'apparence : ils ont donné au jeu un nom nouveau; ils l'appellent dans leurs rapports l'industrie du crédit.

« La Société du Crédit mobilier avait annoncé déjà dans un de ses rapports l'insuffisance, pour les immenses opérations auxquelles elle se livrait, de son capital de 60 millions. Le succès prodigieux qu'elle avait obtenu, je n'examine pas comment, nécessitait un accroissement de capital. Au mois d'août 1855, on commence à annoncer que le dividende de ses actions, au capital de 500 fr., sera pour l'année de 200 fr. au moins. Cette annonce anticipée circule sur la place. Les gens bien instruits, bien avisés, se trompent souvent dans la confiance qu'ils mettent aux rapports qui leur sont faits. Mais enfin ce bruit est répandu avec assez d'habileté : il y a plus de 200 fr. de dividende pour 1855. Là dessus des journaux, dont le langage change, j'en conviens, à certaines époques, se montrent très favorables à la compagnie du Crédit mobilier.

« Le *Journal des Chemins de fer* de M. Mirès, entr'autres, annonce qu'il existe pour la compagnie du Crédit mobilier un projet de diviser les actions en coupons de 250 fr. et de doubler le capital en donnant une action nouvelle au pair à chaque action ancienne. On affirmait ailleurs qu'il n'en était pas encore question, et qu'il fallait ranger cette rumeur parmi celles qu'une spéculation effrénée répand pour en profiter et en obtenir des mouvements factices. A qui fallait-il imputer la spéculation effrénée? je n'en sais rien. Mais le public, dans lequel on faisait circuler qu'il y aurait, à la fin de 1855, un dividende de 200 fr. au moins, n'était pas induit en erreur. C'était une prévision singulière sur l'exercice de 1855, qui avait encore cinq grands mois à courir, que de déterminer qu'il y aurait 200 fr. de bénéfices à la fin de l'année, sans savoir quels événements pourraient survenir. Nous étions en pleine guerre; on ne savait pas quel besoin l'État pourrait éprouver, quelles négociations détourneraient de certaines valeurs les capitaux pour les porter dans les caisses du Trésor, qui auraient peut-être besoin d'être remplies. Prévoir la paix était une difficulté bien grande pour tous les esprits, à cette époque-là. Mais la compagnie du Crédit mobilier en savait assez; le public était éclairé pour elle. Certainement, à la fin de 1855, il y aurait 200 fr. de dividende.

« Dans le projet d'augmentation du capital les nouveaux titres sont réservés aux précédents actionnaires. En conséquence, il n'y a que ceux qui sont porteurs d'actions de la Compagnie qui vont avoir, dans des conditions très-avantageuses, au pair, au-dessous même du pair, parce qu'il y aura des primes accordées, les act'ons nouvelles qui vont être émises. Évidemment, il n'y a pas de meilleur moyen de faire deux choses à la fois : 1° d'appeler des capitaux à venir prendre part à de si larges festins ; 2° de déterminer la hausse des actions dont on est porteur ou qui sont en circulation.

« Ce qui n'était qu'une rumeur au commencement prend de la consistance. Le 1er septembre, les journaux annoncent que définitivement l'accroissement du capital de la Compagnie va avoir lieu au moyen d'obligations émises à 280 fr., dont 2000 francs payables en souscrivant, et 80 fr. le 1er mai 1856. Les coupons des actions du Crédit mobilier à échoir les 1er janvier et 1er juillet prochains seront acceptés comme argent en payement du premier terme des obligations, sur le pied de 200 fr.

« Les annonces, qui ont été faites dans les journaux par la compagnie du Crédit mobilier, sont insérées au *Moniteur* exactement dans les mêmes termes.

« Le bruit si maturément répandu dans le public, au mois d'août, que les actionnaires du Crédit mobilier allaient toucher immédiatement un dividende de 200 fr., en acceptant des obligations qui serviraient à augmenter le capital de la Compagnie ; ce bruit a produit un effet que vous comprenez facilement. Tout le monde a couru après les actions du Crédit mobilier, et du taux déjà considérable de 1,200 fr., si je ne me trompe, vous les voyez monter, vers la fin d'août, au prix de 1,300 fr. et de 1,400 fr. Le 6 et le 8 septembre, les publications officielles certifient ce qui n'était encore qu'insinué, que glissé dans la rumeur publique. La hausse prend un élan nouveau; elle atteint et dépasse 1,600 fr. avec la rapidité de l'éclair. Cette hausse, il est bien évident que c'est l'engagement pris par la Compagnie qui l'a produite.

« Mais voilà que paraît au *Moniteur*, sous la date du 28 septembre, c'est-à-dire l'avant-veille de la liquidation et au mépris de la promesse de délivrer jusqu'au 5 octobre des obligations à quiconque apporterait des actions à la compagnie du Crédit mobilier, un avis annonçant que la Société générale, pour entrer dans les vues du gouvernement, n'émettra pas d'obligations nouvelles.

« Vous comprenez, Messieurs, l'effet produit par un pareil avis. Autant les engagements, formellement pris à l'appel fait à quiconque serait porteur d'actions, avaient provoqué à acheter, autant la nouvelle que le payement immédiat du dividende en obligations n'aurait pas lieu devait provoquer à revendre : aussi les actions qui avaient été à 1655 fr. tombèrent subitement

7.

à 1,200 et même 1,100 fr. Ainsi, dans l'espace de six semaines, il y avait eu hausse de 500 fr., tant sur la rumeur que sur l'annonce officielle que des obligations allaient être délivrées aux actionnaires, et, en moins de vingt jours, il y avait eu baisse de 500 fr., par suite de la ré traction spontanée de la compagnie du Crédit mobilier. »

On sait que sur cette même opération, si bien décrite par M. Berryer, les spéculateurs d'une seule ville de province, Nancy, perdirent une dizaine de millions, d'où s'ensuivirent de graves sinistres commerciaux et la liquidation de plusieurs maisons de banque de cette ville.

Aussi, à défaut de mesures répressives contre les *habiles* manœuvres du Crédit mobilier, M. Pinard, substitut du procureur impérial, crut devoir prononcer quelques paroles sévères.

« On nous a donné, dit-il, la liste des grandes entreprises que le Crédit mobilier avait fait naître, soit. On nous a parlé de ces services industriels, soit encore. Mais, au milieu de la fièvre de l'époque, au milieu de cet amour effréné du jeu et de ces luttes éperdues, est-ce qu'en multipliant les entreprises au-delà des forces de la place, en les jetant à l'avidité des joueurs avec ces certitudes de primes énormes donblées par la spéculation de tous, en escomptant l'ave-

nir au profit du présent, il n'a pas créé, avec
d'autres qui doivent partager sa responsabilité,
de sérieux périls pour la morale publique et
les intérêts matériels eux-mêmes? Les rapports,
sous l'action d'une situation si tendue, ne sont-
ils pas devenus la loi normale de la place?

« Ne faut-il pas à chaque liquidation 30 ou
40 millions de reports pour sauver les joueurs
en les excitant? et le jour où ce moyen péril-
leux de vivre et de marcher manquerait un instant, le jour où l'arc trop tendu se brise-
rait, que de pertes! que de deuils de famille!
que de morts et de blessés! puisqu'un des administrateurs du Crédit mobilier lui même est
tombé récemment sur le champ de bataille!
Voilà le bilan moral et financier que vous ou-
bliez et que la parole impartiale du ministère
public doit jeter dans la balance du passif, quand
on vante sans réserve les merveilles de vos
opérations. »

Il existe, à Paris, plusieurs autres maisons
de spéculation et de jeu créées à l'image de ce
trop fameux Crédit mobilier; les principales
sont: la *Caisse générale des chemins de fer* de
M. Mirès, la *Caisse centrale de l'industrie* de
M. Vergniolles, la *Caisse générale des actionnaires* de M. Millaud, etc., qui se contentent de
glaner là où le Crédit mobilier moisonne, et

dont les opérations consistent à acheter et à vendre, à vendre et à acheter des valeurs et des effets publics, acheter en baisse, vendre en hausse, encaisser des primes, agioter avec le moins de risques possible, passer, selon les circonstances, du Mobilier au Foncier, du Foncier à la Rente, de la Rente aux Chemins de fer, des Chemins de fer aux Petites Voitures, des Petites Voitures aux Gaz, des Gaz aux Omnibus, faire des reports et devenir les prêteurs à la petite semaine des joueurs qui ont quelques mille francs à risquer, voilà en quoi consistent les opérations de ces compagnies de jeu. Elles n'y perdent certainement pas; mais qu'y gagne la morale publique? qu'y gagnent le commerce, l'industrie, l'agriculture, la France en un mot? Rien, si ce n'est le scandale de fortunes soudaines, et le scandale plus grand encore de l'impunité qui paraît assurée à ces habiles, dont la puissance financière ne repose que sur la triple bêtise des joueurs et des actionnaires.

Vingt-sixième ou millième exemple de spéculation agioteuse.

On se rappelle certainement encore ce qui arriva à propos de la construction de l'hôtel du Louvre. Un homme, qui a la réputation d'être

un grand, un habile entrepreneur, se présente.
La confiance générale lui étant déjà acquise,
tous les capitaux sollicitent la préférence de ses
actions. Mais l'homme le plus heureux dans ses
entreprises éprouve quelquefois des mécomptes.
Toutefois, notre habile entrepreneur a la con-
viction que c'est là une excellente affaire, et il
prouve la sincérité de son opinion en retenant
pour lui-même une masse d'actions, qu'il vend
à la hausse. Mais, bientôt après, les primes de
notre entrepreneur étant réalisées, les actions
de cet immeuble éprouvèrent une dégringolade
qui fit murmurer hautement les actionnaires,
lesquels jurèrent, mais un peu tard, qu'on ne
les prendrait plus à ce stupide jeu. Hélas ! ser-
ment d'ivrogne ; qui a bu, boira, dit un proverbe ; qui a joué, jouera ; qui a été trompé,
sera encore trompé ; qui a volé, volera jusqu'à
la mort ; enfin, qui est de la graine à faire un
actionnaire le sera toujours.

Si, après avoir parlé du chantage, des escroqueries et des vols qui se pratiquent presque
impunément dans certaines spéculations boursicotières, nous examinions les opérations de la
Commandite, nous n'en trouverions pas une seule
dont les fondateurs, directeurs, administrateurs
ou gérants, ne trompent journellement dans
quelque trafic illégal. Ah ! ce serait une his-

toire bien curieuse que l'histoire de toutes ces
officines agioteuses où se prépare l'intrigue de
ces hautes comédies boursicotières dont la clique est à la bourse, la claque dans la presse, le
dénouement parfois en cour d'assises, et où la
fraude se mêle très souvent de mystification.
Mais cette histoire des mystères de la Commandite, qui osera la faire? Qui osera dire que là
il se commet depuis vingt ans, depuis trente
ans, plus d'escroqueries et plus de larcins, sous
forme de spéculations, que Chollet, Carbonne et
Mandrin n'en ont commis dans toute leur vie[6]?
Qui osera dire, à ces gens de rien devenus
subitement millionnaires et princes de la finance : vos œuvres sont mauvaises, votre conscience est véreuse, vos spéculations immorales, et tout cet or, au milieu duquel vous
nagez si orgueilleusement, vous ne le devez
qu'à vos scandaleuses rapines, et non à votre
travail, à votre industrie et à votre intelligence?
La voix du peuple, cette conscience universelle
qui n'a jamais tort, le proclame, à votre
honte, sous les quatre vents du ciel qui, eux,
vous disent : anathème! en vous appelant avec
juste raison les corsaires de la fortune publique,
les croupiers de cet immense tapis vert, devenu
si fameux sous le nom de Bourse.

Et, maintenant, l'on s'étonnerait que l'antique

foi française ait disparu de nos villes et de nos campagnes! l'on s'étonnerait que des brigandages de toutes sortes viennent chaque jour frapper à l'improviste la société (7) sans que le peuple s'en émeuve, si ce n'est pour rire aux dépens des volés et excuser les voleurs, ou leur appliquer le bénéfice des circonstances atténuantes! Pour nous, une seule chose nous étonne, c'est que la dissolution sociale qui se fait parmi nous, depuis un quart de siècle, et que la haute comme la basse bourgeoisie hâte de tout le pouvoir de son insolence féodale et de sa bêtise vaniteuse n'ait pas déjà corrompu, dénaturé les éléments eux-mêmes et amené la destruction de notre planète, ou tout au moins quelque épouvantable cataclysme..... *et nunc intelligite, erudimini qui judicatis terram.*

[illegible]

QU'EST-CE QUE LE LORETTISME ?

> Le Lorettisme , c'est la prostitution affran-
> chie de certaines formalités de police; c'est
> la paresse et la cupidité cherchant la fortune
> dans les mystères d'une alcôve; c'est la
> coquetterie vendant ce qui ne s'achète pas ;
> c'est le déshonneur et la ruine dans les
> familles ; c'est la dégradation dans la
> société.

Au moment de mettre sous presse la seconde
partie de notre livre, nous avons été effrayé du
scandale qu'elle pouvait occasionner dans le
monde ; car nous n'avions pas à révéler seulement des trahisons et des turpitudes de Lorettes ;
nous avions aussi à souiller des noms honorables qui ne pouvaient pas ne pas tomber de
notre plume, puisqu'on les voit chaque jour se
compromettre publiquement avec des filles de
rien ; drôlesses sans éducation, sans esprit et

sans cœur, qui ont déserté la loge d'un portier ou la basse-cour d'une ferme pour venir vendre ce qui ne s'achète pas ; coquettes avilies dès l'enfance, dont le regard vous dit avec une impudente effronterie le trafic honteux qu'elles font de leur corps.

Cette pensée de scandale nous a fait peur, et c'est ce qui nous a déterminé à brûler la seconde partie de ce livre. Toutefois, comme le Lorettisme exerce sur la société actuelle une déplorable influence, et qu'il semble même prendre chaque jour plus d'extension et plus d'audace, par la grande facilité que la loi laisse à cette prostitution, nous appelons de tous nos vœux une plume spirituelle et hardie qui ose flageller sévèrement le commerce immoral de nos *traitantes* modernes, et qui ose aussi attacher au pilori d'un courageux pamphlet le nom et l'histoire de toute Fille de marbre entretenue par la niaiserie humaine. Cette ignominie publique infligée au Lorettisme arrêterait bien certainement ses scandaleux progrès et délivrerait peut-être la société de cette lèpre hideuse qui l'infecte. En effet, démasquer l'hypocrisie du vice, dire son origine parfois burlesque et ses mœurs, dévoiler ses trahisons et ses perfidies, c'est conjurer d'avance le mal qu'il peut faire à l'humanité.

Maintenant, nous terminerons ce court chapitre par un fait malheureusement trop vrai que M. Henri d'Audigier, le spirituel chroniqueur de la *Patrie,* racontait dernièrement à ses lecteurs, à propos d'un livre où il est démontré par l'histoire que les femmes en général n'aiment bien que les sots.

« Il y a quelques jours, rapporte notre chroniqueur dans la *Patrie* du 10 octobre, les journaux, dans le style banal des faits divers, annonçaient que le jeune Félix N... s'était pendu au bois de Boulogne. Rien de plus. Quel était ce Félix N...? Pourquoi s'est-il tué? Quel était son caractère? Quel était sa vie? On ne le disait point, et personne sans doute n'a songé à s'en informer.

« Peu de jours après ce malheureux événement, un de nos amis passa sur le boulevard à côté d'une femme voilée, toute vêtue de noir, qui marchait d'un pas lent et la tête baissée. Il la reconnut; c'était la mère de ce Félix N..., qu'il avait connu intimement. Il l'aborda avec discrétion; elle le regarda et ne put retenir ses larmes. Comme elle était à quelques pas de sa maison, elle pria notre ami de lui donner le bras et de monter chez elle.

« — Monsieur, dit-elle, après un long silence, vous savez notre malheur !

« — Oui, madame, je le sais ; mais j'ignore les causes qui ont pu l'amener.

« — Vous étiez son ami, monsieur, et je sais qu'en temps et lieu vos bons conseils ne lui ont pas manqué. Je vais tout vous dire, et ce n'est pas une confidence. Je voudrais que mon récit fût affiché dans les rues et propagé dans tout Paris ; peut-être servirait-il d'enseignement à quelque brave garçon près de se pendre comme mon pauvre enfant.

« Vous savez quelle était sa position : il avait vingt-deux ans à peine, et nous l'avions placé dans une administration de chemin de fer. Il ne gagnait que 1,500 fr., et je lui laissais cette somme pour son habillement et ses menus plaisirs ; sa capacité et le nom honorable de son père me promettaient qu'il fournirait une honorable carrière. Mais je comptais sans la fatalité de l'amour. Il rencontra, je ne sais où, une femme richement entretenue dont il s'éprit et qui lui fit assez bon accueil, le voyant jeune, beau, et le croyant riche. Sa passion devint si folle, qu'il m'en fit l'aveu ; il se croyait aimé, et je craignais vraiment qu'il ne songeât à quelqu'un de ces mariages qui font de temps à autre le scandale et la désolation des meilleures familles.

Son bonheur, je veux dire sa confiance, dura

peu : au bout de quelques jours, cette femme s'aperçut qu'il n'avait point, à beaucoup près, la fortune qu'elle lui avait d'abord supposée ; il épuisa, pour lui payer des bouquets et de menus cadeaux, le peu d'argent dont il pouvait disposer ; il chercha à faire des emprunts ; mais il n'y a plus d'usuriers, aujourd'hui, et il n'offrait d'ailleurs aucune garantie.

« Cette femme en prit vite son parti.

— « J'ai fait fausse route, se dit-elle, et il est plus que temps de me débarrasser de cet amoureux inutile.

« Un matin, elle lui dit brusquement dans son ignoble langage :

— « Il me semble, mon petit, que ton pantalon est râpé et ton col bien luisant ? Tu ne m'avais pas dit que tu fusses si *panné !*

« A ce mot, Félix se leva, prit son chapeau et dit à cette infâme :

— « Madame, s'il vous prenait fantaisie de me revoir une dernière fois, faites-vous conduire demain à la Morgue. Adieu !

« Elle haussa les épaules et rit de bon cœur. Le surlendemain, ne voyant point revenir Félix :

— « Ah ça, se dit-elle, est-ce que ce petit imbécile aurait parlé sérieusement ? Jol n, allez donc voir un peu à la Morgue : vous me direz ce que vous aurez vu.

Le domestique revint, deux heures après,
a figure bouleversée :

— « Madame, j'ai vu M. N...; on a trouvé
on cadavre pendu au bois de Boulogne.

— « Vraiment ?

— « Ma parole d'honneur! dit John, tout pâle
encore d'émotion.

— « Est-il bien changé? ajouta la femme, en
roulant une cigarette.

— « Oh! madame, le pauvre monsieur était
horrible à voir.

— « A propos : tu n'as pas remarqué si la
corde était à son cou?

— Non, madame.

— « Brute, va ! Tu aurais dû m'en rapporter
un bout : on dit que cela porte bonheur...

Un fait à peu près semblable s'est passé, il y
a vingt ans environ, dans la Chaussée-d'Antin.
Un jeune homme, épris d'un fol amour pour
une Lorette, sans cœur et sans fidélité, comme
elles le sont toutes, se tira un coup de pistolet en
pleine poitrine, à la porte même de cette femme
qu'il aimait et dont il était malheureusement
jaloux. Quand il fallut transporter le blessé chez
lui, cette créature sans pitié refusa de prêter
un matelas; elle n'ouvrit même pas sa porte,
au bruit de la détonation : *madame, qui reve-*

nait du bois de Boulogne, etait en conversation avec un autre amant...

Mais Dieu est juste! Catherine est morte, il y a quelques années à l'hôpital dans la plus affreuse misère et couverte d ulcères horribles. Ainsi finissent presque toutes ces *demi-vertus*, sans honneur comme sans délicatesse, qui se font un jeu de l'amour des hommes.

Hommes, voilà la Lorette; voilà la femme que vous aimez, et que la plupart d'entre vous entretiennent si richement; voila la reine du demi-monde moderne, la lionne de la prostitution.... *Et ab unâ disce omnes*; car elles se ressemblent toutes. Leur cœur est de marbre; leurs faveurs se vendent et se revendent au premier venu comme une vile marchandise en foire, et leur corps est une boutique immonde, un théâtre de pasquinades et de tragédies où.....Qui osera donc écrire l'histoire du Lorettisme?...

[illegible]

NOTES

(1) M. Calemard de Lafayette, dans sa brochure *les Boursiers de Paris*, démontre presque mathématiquement, à chaque page de ce livre et de mille manières, qu'un Boursicotier est essentiellement crétin ; c'est l'homme du chiffre et rien de plus. « L'agent de change, « dit-il avec juste raison , qui exercerait pendant « quarante ans, commencerait à devenir fou à moitié « chemin. Il faut avoir vu la Corbeille de bien près et « pendant longtemps pour comprendre ce que c'est que « deux heures de Bourse par jour, deux heures pen- « dant lesquelles la parole, les mains et les jambes de « l'Agent de change ne suffisent pas au tourbillon des « affaires. » Nous convenons que le cheval qui tourne une meule de moulin fait un métier moins pénible que l'Agent de change au milieu de sa Corbeille.

(2) Le petit livre de M. Calemard de Lafayette, que nous nous plaisons à citer souvent, parce qu'il semble avoir été publié pour exalter les bienfaits du Boursico-tiérisme ; ce livre rapporte, à chaque page, de curieu-ses histoires de Bourse qui justifient suffisamment tou-

8

tes nos assertions sur les nuombrables escroqueries dont se rendent chaque jour coupables les Boursicotiers de bas étage. Nous demandons la permission à l'Auteur de citer *in extenso* son chapitre intitulé : *Les marchands de contremarques,* pour bien convaincre nos Lecteurs que nous n'avons, ni exagéré, ni calomnié en disant à la mode laconique de Proudhon : « Le Boursicotiérisme, c'est le vol. »

« Vous arrive-t-il de passer, dans la soirée, aux abords d'un théâtre, dit M. Calemard de Lafayette, vous êtes invariablement racolé par des marchands de contremarques qui vous offrent, à moitié prix, des places sur le premier rang.

Etes-vous porteur d'une bonne figure, d'une redingote à la propriétaire, ou d'une médaille de Sainte-Hélène, et soigneux de vos intérêts, avez-vous besoin d'aller à la Bourse? Si vous n'avez pas une physionomie hargneuse et rébarbative, vous êtes invariablement accosté par un Boursier qui vous fait des offres de service :

— Monsieur désire t-il acheter des Docks, des Verreries, des Voitures?

— Non, Monsieur, non..., je...

— Je comprends ; Monsieur désire vendre quelques valeurs,

— En effet, je suis venu... pour...

— Très-bien, Monsieur ; me voilà tout à vos ordres.

— Mais... pardon... je...

— Monsieur peut se fier à moi ; la maison Caïn, Picaros et Comp. est avantageusement connue sur la place ; vous pouvez, du reste, vous renseigner, Monsieur... et...

— Alors, Monsieur, je vais vous expliquer...

— Très-bien, Monsieur ; quelles sont les valeurs que vous avez à vendre?

— J'ai quelques Voitures.

— Peuh!,... elles sont en baisse; vous savez...

— Hélas!... Monsieur.

— Et Picaros, hélant un de ses acolytes : Éh ! Abel,... que vaut la Voiture?

— 62 fr. 50 : on offre.

— Vous voyez, Monsieur, il faudrait les donner à 62 fr. pour s'en débarrasser.

— Ah ! mon Dieu!... enfin...

— Avez-vous encore quelques valeurs?

— Oui, j'ai aussi des Verreries qu'un de mes amis m'a cédées...

— Triste affaire encore...

— Je ne le sais que trop, Monsieur.

— Caïn, que valent les Verreries?

— A 18 fr. on les offre par cinq cents...

— Il faudrait les donner à 17 fr. pour être sûr de les vendre.

— Ah ! mon Dieu,... enfin...

— Vous reste-t-il encore autre chose?

— Oui, j'ai quelques Glaces d'Aix, qui me viennent de ma belle-mère,

— Monsieur n'est pas heureux.

— Hélas! non, Monsieur, tout cela a été payé bien cher..

— Caïn..., que valent les Glaces d'Aix ?

— Ça n'a pas de cours; regarde la cote.

— La cote est insignifiante, tu le sais bien.

— Comment! s'écrie le monsieur, la cote est insignifiante?

— Non, Monsieur, non ; mais les valeurs dans le genre de celles-là, dont il se fait peu, sont cotées à peu près. Demandez-en, on vous les fera 5 fr. plus cher que la cote; offrez-en, vous en trouverez 5 fr. de moins. En la prenant dans son portefeuille, Picaros

ajoute : Voyons, voyons, les Glaces d'Aix ?... ah !...
voici : 122 fr., nous allons voir. ...

— Ah ! mon Dieu !... enfin...

— Enfin, Monsieur, je vais faire pour le mieux ;
veuillez me remettre vos valeurs.

— Voilà, Monsieur, quinze Glaces d'Aix qui ont été
payées 230 fr.; vingt-six Verreries, que j'ai payées
48 fr. et dix Voitures, qui me coûtent 185 fr.

— Tout cela a été acheté dans les hauts cours,
Monsieur.

— Hélas ! oui, Monsieur; le besoin d'argent me
force à réaliser à une perte énorme.

— C'est bien malheureux. Tenez, Monsieur, atten-
dez-moi dans l'embrâsure de cette fenêtre.

En ce moment, le monsieur, qui perd déjà beaucoup, semble hésiter et craindre de perdre tout. Picaros, qui a l'habitude de son monde, appelle Caïn et
lui dit : *Entretiens monsieur dans ce petit coin pendant
que je vais faire l'affaire, et je viendrai le terminer* (tex-
tuel et historique). Il disparaît, et le monsieur se trouve
face à face avec Caïn, dont tous les efforts tendent à
ne pas ressembler à celui de la Bible.

Pendant que le brave homme se ronge les poings
en écoutant les calembredaines de son peu aimable, et
surtout peu spirituel interlocuteur, et pendant que Picaros fait son affaire, revenons sur le précédent dia-
logue.

Ils sont à l'entrée de la Bourse quelques estafiers,
le nez à la porte et l'œil au guet, qui racolent impu-
demment toutes les personnes qui viennent éventuelle-
ment, et s'entendent comme larrons en foire pour ju-
guler tous ceux qui se laissent prendre à leurs poli-
tesses, à leur plate servilité.

Quand le mouton est parqué, les acolytes rôdent
autour pour répondre aux interpellations du fin matois

qui cherche à tondre. Picaros, en demandant à Abel le cours des Voitures, lui a fait un signe indiquant que le client vient vendre; et Abel, en répondant 62 fr. 50 c. offerts, sait que c'est le cours demandé; que, par conséquent, il y a chance de vendre à ce prix, si ce n'est plus, et l'on a vu que Picaros a prévenu son pigeon qu'il faudrait les donner à 62 fr.; de même pour les Verreries.

Quant aux Glaces d'Aix, dont en réalité, comme de beaucoup de valeurs, il se fait peu et dont on laisse souvent par négligence subsister la même cote pendant plusieurs jours, Picaros a soin de prévenir d'avance sa pratique de la différence qu'elle trouve entre le prix qui lui sera payé et le cours qui sera peut-être coté. L'inverse de ces manœuvres inqualifiables se fait quand le client veut acheter. Ces précautions préliminaires servent merveilleusement à établir sa confiance. Ceci posé, revenons à nos moutons... je me trompe, à nos loups-cerviers et à leur mouton.

— C'est fait! s'écrie Picaros, du plus loin qu'il peut-être entendu. Il arrive essoufflé avec des billets de banque à la main; et pendant que le client soupire de se sentir dégagé des vagues inquiétudes qui commençaient à lui venir en tête sur la disparition possible de son prévenant courtier, celui-ci lui dit : J'ai pu vendre les Voitures à 61 fr. 75, les Verreries à 17 fr. et les Glaces à 119 fr., et encore, ajoute-t-il en s'adressant à Caïn, c'est Jacob qui, pour m'être agréable, me les a prises; car je n'en trouvais que 117 fr. 50 sur le marché!

A ces mots, le pauvre pigeon se reproche *in petto* la vague, mais l'injurieuse inquiétude qui, tout à l'heure, lui a traversé le cerveau.

Picaros lui fait son compte et termine d'un air quasi magistral : comme c'est la première affaire que je fais avec vous, Monsieur, et que vous n'avez pas été heureux dans ces opérations, je ne vous prends que 25 c. de courtage par action; mais j'espère qu'une autre fois vous n'oublierez pas la maison Caïn, Picaros et Compagnie.

Le client se confond en remerciements et s'en va enchanté de son courtier, qui lui vole de 1 à 3 fr. par action. Ces scènes se présentaient à chaque instant avant qu'on payât un droit d'entrée à la Bourse; elles sont heureusement moins fréquentes actuellement; mais elles n'en sont pas moins une honte qui, à la longue, rejaillit sur tous les Boursiers.

Voilà bien pour la petite Boursicoterie; mais M. Calemard de Lafayette aurait dû nous dire comment le vol se pratique chez les nababs ou les princes de la Bourse. Nous tâcherons de suppléer à son silence.

(3) M. Calemard de Lafayette nous fait un tableau effrayant des Boursicotiers sans noms, qui grouillent dans les bas-fonds de la petite coulisse : on dirait une scène de l'enfer, ou tout au moins une vue photographiée de l'ancienne *Cour des Miracles.* Laissons-le parler; il connaît mieux ce monde-là que nous :

« Les Boursiers de la petite coulisse, dit-il, en général oiseaux de passage, se recrutent un peu partout, se renouvellent avec une prodigieuse fécondité et donnent absolument raison à la maxime de Diderot : Rien ne peuple comme les gueux. Peut-être y a-t-il parmi eux un tout petit noyau d'honnêtes gens, mais bien petit.

« A côté des honnêtes gens, il y a des échappés de Poissy ou d'ailleurs, des concierges remerciés, des domestiques congédiés, d'anciens souteneurs patentés ou non patentés, des négociants qui ont éprouvé de nombreux sinistres, des garçons de café qui ont ap-

pris la Bourse en servant la pratique, des juifs qui
vendent des chaînes de sûreté et des étoffes anglaisses,
quand ils ne trouvent pas à troquer des valeurs, des
agents de police envoyés par la préfecture pour surveiller les voleurs, qui ont trouvé plus profitable de se
faire Boursiers ou qui cumulent.

« Il y a encore des chapeaux crasseux, des redin-
gotes luisantes et râpées, des chemises et des pantalons problématiques, des souliers éculés. Si quelque
chose peut atténuer le ridicule et l'odieux d'une semblable réunion en pleine Bourse de Paris, c'est qu'on
parle le français des barrières, de la Picardie ou de
l'Auvergne.

« Là, presque tout le monde vole ou cherche à voler des doigts, des mains, des pieds, de la pensée, de
l'œil, de la parole. Souvent, très-souvent, on y joue
des ciseaux pour éventrer une poche qui contient un
portefeuille ou des valeurs. S'il était donné à l'action
de réaliser le désir, ils ravageraient et emporteraient
morceaux par morceaux, bribes par bribes, chiffons
par chiffons, le temple et la caisse des prêtres de Plutus.

« Là, c'est une lutte incessante, continuelle, ardente, fiévreuse, acharnée ; mais c'est essentiellement
la lutte du mal, la lutte infernale, dont tous les héros
sont des démons.

« Ces figures se rencontrent, dès l'aube, aux en-
virons des passages voisins de la Bourse, et s'y retrouvent à la brume, après avoir opéré, pendant la Bourse,
dans l'édifice même, sous la colonade, sur la place,
chez les marchands de vin ; on les trouverait dans les
bouges les plus infects, s'ils en avaient à leur portée.
Ces estimables Boursiers font des affaires sur les actions de différentes entreprises, dont quelques unes
sont enterrées depuis longtemps en police correctionnelle et au tribunal de commerce, et dont plusieurs

autres sont à la veille de s'y présenter; il est seulement fâcheux qu'elles n'y arrivent pas avec leur escorte habituelle.

« Ils opèrent tous pour leur compte et ont néanmoins des clients et beaucoup de clients. Rien ne peut mieux ressembler à une ribambelle de poules plumées que la kirielle de clientes de ces *messieurs*. Et dans le bas-fonds de la société où tout cela grouille, tout cela parle affaires, et établit de bas en haut la réputation des Boursiers. — Voilà ce qui, trop malheureusement, donne raison à quelques hyperboliques exagérations. »

Et l'auteur s'étonne, après cela que les Boursicotiers jouissent, en général, d'une si mauvaise réputation! Dis-moi qui tu hantes, dit le proverbe, et je dirai qui tu es. A Dieu ne plaise cependant que nous confondions tous les Boursicotiers dans cette étrange catégorie de flibustiers et de voleurs! Mais il n'en est pas moins vrai que l'opinion publique a son explication et son excuse dans la tolérance même et l'impunité dont tout ce monde ignoble jouit à la Bourse.

(4) L'Auteur des *Boursiers* prétend que « la Bourse de Paris rend au pays des services incalculables; et ces services, il les énumère avec un cœur de Boursicotier, c'est-à-dire, avec une complaisance à nulle autre pareille. Il va même jusqu'à donner à entendre que sans le jeu et la spéculation, on n'aurait peut-être jamais pris Malakoff. On voit bien que M. Calemard de Lafayette ne connaît en France que Paris, et même, dans Paris, il ne connaît que la Bourse. Tout le monde joue en France, dit-il; qu'est-ce que cela prouve? une seule chose; c'est que la France se crétinise et qu'elle n'a d'autre foi que dans l'écu de cent sous. Mais au milieu de toute cette frénésie de jeu et de spéculation, le commerce, l'industrie et l'agriculture font-ils mieux leurs

affaires? certainement non, mille fois non. Y a-t-il aujourd'hui dans notre patrie une seule grande idée, une seule grande œuvre, un seul homme de génie? Il n'y a que des marchands, des joueurs, des spécula-teurs, des agioteurs, des hommes avares et cupides, des gens qui veulent vivre et faire fortune par les moyens les plus prompts et les plus sûrs. M. Cale-mard de Lafayette le sait aussi bien que nous; il ne cherche même pas à le nier.

Moralisez donc la Bourse, détruisez l'agiotage, en un mot, traitez sérieusement les affaires sérieuses, et alors vous pourrez dire, avec juste raison, que la Bourse est le nerf et la vie des affaires. Jusque là, votre Bourse de Paris sera une calamité pour la fortune publique: Quelques hommes y deviennent millionnaires, c'est possible; mais le plus grand nombre y végète ou s'y ruine; tous s'y crétinisent, et la France y perd son honneur, son intelligence et sa gloire.

(5) L'auteur des *Boursiers de Paris* trouve très-juste et très-rationel, qu'une charge d'Agent de change vaille aujourd'hui deux millions et qu'elle rapporte des sommes énormes; c'est-à-dire, « de quoi faire vivre, « dit-il, dix, vingt, trente, quarante employés; de « quoi payer des intérêts et des dividendes à dix, vingt, « trente, quarante, cinquante, soixante intéressés « qui se sont côtisés pour payer cette charge de deux « millions, indépendamment desquelles il faut quel-« que chose comme un million de fonds de roulement « ou de cautionnement. » Mais qu'il y ait un, deux, trois, dix ou cent intéressés autour d'un Agent de change, il n'en est pas moins vrai que les trafics et les jeux de Bourse font rapporter annuellement à cette charge un petit million au moins; c'est précisément ce petit million que nous trouvons immoral.

Mais, dites-vous, les Agents de change sout souver
exposés à des pertes considérables, ce qui diminue d
beaucoup leurs bénéfices ! tant pis pour eux ; pourqu
n'exigent-ils pas, avant d'acheter, une couverture d
leurs clients? pourquoi ne contrôlent-ils pas l'authen
ticité et la moralité des ordres qu'ils reçoivent? Pour
quoi font-ils, pour leur propre compte, des opération
de Bourse? Pourquoi, en un mot, violent-ils la loi? S
les Agents de change se renfermaient rigoureusemen
dans les prescriptions légales, ils ne seraient pas cor
tinuellement exposés a être victimes de manœuvre
déloyales. Sans doute, il ne faut pas accuser l'Agent d
change des flibusteries de toute espèce qui se com
mettent en Bourse; mais si, par négligence ou défau
d'examen, il prête son ministère à des opérations vé
reuses, il est moralement aussi coupable que celui qu
commet, par exemple, un homicide volontaire. Pou
justifier l'Agent de change de certaines transformation
de ses habitudes primitives, l'Auteur accuse « le pro
« grès qui demande des victimes, dit-il, tout comme 1
« guerre, tout comme l'humanité. » Mais un progrè
qui matérialise toutes les intelligences et les abrutit
qui endurcit le cœur et le déprave, est un fléau dont
faut se hâter de purger la société par tous les moyen
possibles. Le jeu de Bourse n'est pas d'ailleurs, u
progrès dans la véritable acception de ce mot; c'est
au contraire, une halte que fait l'humanité dans l'ado
ration de la pièce de cent sous.

L'auteur croit avoir entièrement excusé les trafic
des Agents de change, en répétant avec M. Mirès que
« il est de l'essence même de la nature humaine que l
« mal soit à côté du bien, que l'usage entraîne l'abus
« Mais, ajoute-t-il, parce qu'il y a des négociants qu
« font faillite, faut-il supprimer le commerce? et parc
« qu'on a vu des chaudières éclater, faut-il proscrir

l'emploi de la vapeur? » Non, sans doute ; mais moralisez le commerce, et empêchez que les chaudières
n'éclatent, par une surveillance très-active ; de même
moralisez la Bourse, blâmez sérieusement toutes ces
opérations de flibustiers sans argent comme sans honneur, au lieu de les excuser comme une *nécessité sociale.*
Le mal n'est pas nécessaire dans la vie de l'humanité :
là où il existe, il faut le combattre ; là où il lève la
tête, il faut la lui couper....., Nous aurons encore occasion de revenir sur cette brochure faite par un *Boursier* de Paris, homme d'intelligence, sans doute, mais
qui est certainement loin d'approuver dans sa conscience
toutes les turpitudes boursicotières qu'il excuse comme
nécessité sociale.

(6) L'auteur des *Boursiers de Paris* cherche à excuser
le Boursicotérisme, en disant que tout dans le monde
n'est que jeu, que tripotage et que spéculation. « Le
paysan, dit-il, se joue de la bonne foi du citadin, le
citadin de l'ignorance du paysan. Le fabricant ou le
boutiquier, qui met tous les jours en vente des étoffes
brûlées, des marchandises avariées, ne spécule-t-il pas
sur la confiance publique? Le négociant en blé, fa-
rines, vins, huiles, sucres, alcools, produits exotiques,
ne spécule-t-il pas ouvertement sur la nécessité de la
consommation ? ce qui est bien autrement grave que le
fin courant, le report ou la prime.

» L'artiste, l'avocat, le médecin, l'architecte, le
maçon, le marchand du coin de la rue, le restaurateur,
la modiste, le joaillier, le tailleur, jusqu'au boucher et
au boulanger même, tous spéculent sur leur réputation et battent monnaie sur la crédulité publique.

« Le directeur de théâtre spécule sur la vie de son
semblable en l'exposant, devant un public qui applaudit,
au métier d'acrobate ou de casse cou. Le monde des

courses et des *steeple chase* joue un jeu d'enfer, en spé-
culant sur la vie des hommes et des chevaux, et l
morale des théâtres, n'est-elle même qu'une spéculation. Tant il est vrai que tout n'est que jeu dans c
bas-monde. »

Mais, de ce que le monde serait un repaire de
joueurs, de spéculateurs et de voleurs, s'ensuivrait-i
qu'il faille excuser les jeux de Bourse et les spéculations de nos modernes Robert-Macaire comme une *nécessité sociale*, comme un *besoin*, et ne pas même chercher à réprimer par des lois très-sévères cette fièvre
ardente d'agiotage qui crétinise et déshonore la France?
Réhabilitez le vrai, l'utile Boursicotiérisme, puisque
c'est votre profession ; mais flétrissez plus sévèrement tout ce monde de flibustiers et de voleurs qui
vend ce qu'il n'a pas et qui achète ce qu'il ne peut pas
payer ; car ce sont là de véritables escroqueries que la
morale publique ne saurait approuver.

(7) Chez nos alliés, les bourgeois d'outre-Manche,
de pareils sinistres se sont multipliés au point que l'on
proposé sérieusement de former une assurance contre
vol. En France comme en Angleterre, on ne se fie
us à la morale, contredite par tant de faits éclatants,
e revêt le caractère sacré de la loi.

FIN.

TABLE DES MATIÈRES.

PREMIÈRE PARTIE.

Paris, Imp. CARION, 64, rue Bonaparte.

Almanach-miniature

de la

Suisse Romande

pour l'année

1878

Rédigé avec la collaboration de littérateurs
et d'artistes suisses

par

A. Meylan.

Troisième année.

————o·—·o—————

BERNE.

B.-F. HALLER, LIBRAIRE-ÉDITEUR.

IMPRIMERIE B.-F. HALLER, BERNE.

JANVIER — 31 JOURS.

Lever du Soleil.
Le 1, à 7 heures 56 m.
» 10, à 7 » 54 »
» 20, à 7 » 46 »

Coucher du Soleil.
Le 1, à 4 heures 12 m.
» 10, à 4 » 23 »
» 20, à 4 » 37 »

Mar.	1	*Nouvel an*
Mer.	2	s. Basile
Jeu.	3	ste Geneviève ●
Ven.	4	s. Rigobert
Sam.	5	s. Siméon. V. J.
DIM.	6	l'EPIPHANIE
Lun.	7	ste Mélanie
Mar.	8	s. Lucien
Mer.	9	s. Pierre, év.
Jeu.	10	s. Paul, erm.
Ven.	11	s. Théodore ☽
Sam.	12	s. Arcade. m.
DIM.	13	Bapt. de J.-C.
Lun.	14	s. Hilaire
Mar.	15	s. Maur.
Mer.	16	s. Guillaume
Jeu.	17	s. Antoine
Ven.	18	Ch. s- Pierre à R.
Sam.	19	s. Sulpice ⊕
DIM.	20	s. Sébastien
Lun.	21	ste Agnes
Mar.	22	s. Vincent
Mer.	23	s. Ildefonse
Jeu.	24	s. Babylas ☾
Ven.	25	s. Paul
Sam.	26	s. Polycarpe
DIM.	27	s. Julien
Lun.	28	s. Charles
Mar.	29	s. François d. S.
Mer.	30	ste Bathilde
Jeu.	31	ste Marcelle

JANVIER 1878

Tu nous reviens, nouvelle année,
Avec tes surprises pour tous :
Bientôt dans chaque maisonnée
Minuit dira : Réveillez-vous !

Au dehors les frimas, le givre ;
Au logis le foyer brûlant,
Joie et chers souhaits que vont suivre
Les cadeaux du beau jour de l'an.

Réveillez-vous. Mais quoi, j'y pense,
Qui peut dormir cette nuit-là ?
Epoux. amants, fébrile enfance,
Chacun l'attend, dit : — Le voilà.

Chacun s'échappe de sa couche,
Serre la main des bien-aimés ;
Mille baisers, de bouche en bouche,
Volent sceller les vœux formés.

Puis, quand l'aube blanchit la nue,
Gaiment l'on troque, en bon chrétien,
Le *passif* de l'année échue,
Contre l'*actif* de l'an qui vient.

MÉRIL CATALAN.

FÉVRIER

28 JOURS.

Lever du Soleil.

Le 1, à 7 heures 32 m.
» 10, à 7   »   19   »
» 20, à 7   »   1   »

Coucher du Soleil.

Le 1, à 4 heures 56 m.
» 10, à 5   »   11   »
» 20, à 6   »   28   »

Ven.	1	s. Ignace
Sam.	2	Chandeleure
DIM.	3	s. Blaise
Lun.	4	Véronique
Mar.	5	ste Agathe
Mer.	6	s. Waast
Jeu.	7	s. Romuald
Ven.	8	s. Jean de M.
Sam.	9	ste Apolline
DIM.	10	ste Scolastique
Lun.	11	s. Séverin
Mar.	12	ste Eulalie
Mer.	13	s. Grégoire
Jeu.	14	s. Valentin
Ven.	15	s. Faustin
Sam.	16	ste. Julienne
DIM.	17	*Septuagésime*
Lun.	18	s. Gabin
Mar.	19	s. Gabert
Mer.	20	ste. Emma
Jeu.	21	s. Sévérien.
Ven.	22	ste Isabelle
Sam.	23	s. Mérault
DIM.	24	*Sexagésime*
Lun.	25	s. Césaire
Mar.	26	s. Nestor
Mer.	27	s. Arille
Jeu.	28	ste Honorine

LA LIBERTÉ

Quand le soleil vient dorer ma fenêtre,
Quand ses rayons ramènent le matin,
Je vois venir un pauvre chat sans maitre,
Au poil soyeux, à l'air doux et mutin.
Vite, je cours, chercher dans mon armoire
Un peu de lait que j'ai pu lui garder.
Quand il a bu: Lustrant sa robe noire,
Du coin de l'œil il vient me regarder.

Un jour d'hiver, où la bise glacée
Contre mes vitres attachait des glaçons,
Où dans le pré, sur la neige amassée,
On ne voyait plus jouer les garçons.
Mon pauvre chat, blotti contre une borne,
D'un œil bien triste, hélas, me contemplait
Je fus saisi, d'une pitié sans borne,
J'ouvris ma porte, et puis je l'appelai:

Viens te chauffer, viens vite, pauvre bête,
Au coin du feu, je t'ai fait un bon lit.

Ah, tu me fuis, et tu tournes la tête,
Je vais te prendre, allons, pauvre petit.
Mais le matou refusa de m'entendre,
Sur un vieux mur il se sauva, l'ingrat,
Et, résistant aux appels les plus tendres,
Il me semblait qu'il murmurait tout bas:
« Je suis sensible à ta bonté,
Mais j'aime mieux la liberté. »

Genève.   M. HUMBERT.

MARS — 31 JOURS.

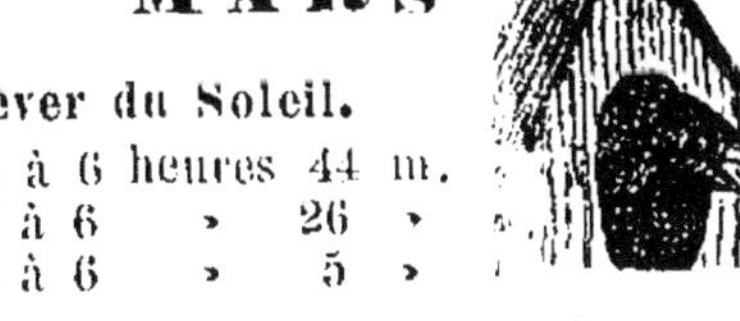

Lever du Soleil.

Le 1, à 6 heures 44 m.
» 10, à 6 » 26 »
» 20, à 6 » 5 »

Coucher du Soleil.

Le 1, à 5 heures 42 m.
» 10, à 5 » 56 »
» 20, à 6 » 11 »

Ven.	1	s. Aubin
Sam.	2	s. Simplice
DIM.	3	*Quinquagésime*
Lun.	4	s. Casimir
Mar.	5	s. Adrien
Mer.	6	*Cendres*
Jeu.	7	s. Thomas d'Aq.
Ven.	8	s. Jean de D.
Sam.	9	ste Françoise
DIM.	10	*Quadragésime*
Lun.	11	s. Manassés
Mar	12	s. Paul. év.
Mer.	13	*Quatre-Temps*
Jeu.	14	s. Lubin
Ven.	15	s. Zacharie
Sam.	16	ste Henriette
DIM.	17	ste Gertrude
Lun.	18	s. Alexandre
Mar.	19	s. Joseph
Mer.	20	s. Emmanuel
Jeu.	21	*Equin. du print.*
Ven.	22	s. Emile
Sam.	23	s. Victorien
DIM.	24	*Occuli*
Lun.	25	*Annonciation*
Mar.	26	s. Ludger
Mer.	27	s. Rupert
Jeu.	28	ste Dorothée.
Ven.	29	s. Eustache.
Sam.	30	s. Guido
DIM.	31	*Lœtare*

MARS

Je voudrais bien que l'on m'explique
Pourquoi tous les gouvernements,
Pendant ce mois ouvrent boutique
D'inspections et d'armements ?

Dans sa peau d'ours le vieux Silène
Fait-il outrage à nos héros,
Pour qu'à son départ l'on dégaine
Et s'aligne sous les drapeaux ?

L'hiver, le guerrier le plus robuste,
Ne fait jamais tant d'embarras :
Le moyen de bomber le buste
Quand on grelotte l'arme aux bras.

Le tambour résonne, on s'agite :
Ne vous troublez pas l'estomac.
Ce n'est que pour une visite
De fourniment et fond de sac.

Tous n'y trouveront pas délice.
Combien vont gagner du guichet,
Pour n'avoir pas à leur service
Boutons de guêtres au complet.

MÉRIL CATALAN.

AVRIL  30 JOURS.

Lever du Soleil.

Le 1, à 5 heures 40 m.
» 10, à 5   »   21 »
» 20, à 5   »   1 »

Coucher du Soleil.

Le 1, à 6 heures 40 m.
» 10, à 6   »   43 »
» 20, à 6   »   27 »

Lun.	1	s. Hugo
Mar.	2	s. F^ois de P. ●
Mer.	3	s. Richard
Jeu.	4	s. Ambroise
Ven.	5	s. Albert
Sam.	6	ste Prudence
DIM.	7	*La PASSION*
Lun.	8	s. Célestin
Mar.	9	Marie en Égypte
Mer.	10	s. Fulbert ☽
Jeu.	11	s. Godbert
Ven.	12	s. Jules
Sam.	13	s. Marcelin
DIM.	14	*Rameaux*
Lun.	15	s. Maxime
Mar.	16	s. Paterne
Mer.	17	s. Fructueux ☽
Jeu.	18	s. Parfait
Ven.	19	*Vendredi-St.*
Sam.	20	ste Agnès
DIM.	21	*PAQUES*
Lun.	22	ste Opportune
Mar.	23	s. Georges
Mer.	24	s. Léger ☾
Jeu.	25	s. Marc.
Ven.	26	s. Clet
Sam.	27	s. Anastase
DIM.	28	*Quasimodo*
Lun.	29	s. Robert
Mar.	30	ste Eutrope

LA COURONNE

Dans les prés émaillés des plus riches couleurs,
Toute petite encore, elle cueillait des fleurs.

Une femme soudain, admirablement belle,
Sortit de la forêt et s'avança vers elle.

L'étrangère posa sur le front de l'enfant
Une verte couronne et dit en souriant:

«Conserve-la : plus tard tu la verras fleurie;
«Puisses-tu ne jamais la quitter dans la vie!»

La fillette grandit. Pour elle vint le temps
Où l'on pleure en secret, le soir, à dix-huit ans.

A cet âge où le cœur si tendrement frissonne,
De frais boutons naissants ornèrent la
                              couronne.

Dans un jour solennel, pleine d'un chaste émoi
A celui qu'elle aimait elle donna sa foi.

Alors chaque bouton s'ouvrant à la lumière
Produisit une fleur charmante et printanière.

Dieu bénit leur amour et, spectacle enchanteur
Elle berça bientôt un enfant sur son cœur.

On vit en ce moment la couronne, ô merveille!
Couverte de beaux fruits à la teinte vermeille.

Mais hélas! nul bonheur n'est durable ici-bas;
Son époux descendit dans la nuit du trépas.

Elle eut alors son front déjà blanchi par l'âge
Environné d'un pâle et douloureux feuillage.

Elle même partit pour le séjour des morts;
Et quand dans le cercueil on déposa son corps,

O prodige! l'on vit se charger la couronne
Et des fleurs du printemps, et des fruits de
                              l'automne.

P. GAUTIER (d'après Uhland).

MAI  31 JOURS.

Lever du Soleil.
Le 1, à 4 heures 41 m.
 » 10, à 4 » 27 »
 » 20, a 4 » 14 »

Coucher du Soleil.
Le 1, à 7 heures 13 m.
 » 10, à 7 » 26 »
 » 20, à 7 » 38 »

Mer.	1	s. Jaques, s. Phil.
Jeu.	2	s. Athanase ●
Ven.	3	Inv. ste Croix
Sam.	4	ste Monique
DIM.	5	Conv. s. Aug.
Lun.	6	s. Jean-P.-Lat.
Mar.	7	s. Stanislas
Mer.	8	ste Désirée
Jeu.	9	Trans. s. Nic. ☽
Ven.	10	s. Béat
Sam.	11	s. Mamert.
DIM.	12	s. Pancrace
Lun.	13	s. Servais
Mar.	14	s. Pacôme
Mer.	15	s. Isidore
Jeu.	16	s. Honoré ☉
Ven.	17	s. Pascal
Sam.	18	s. Venance
DIM.	19	s. Yves
Lun.	20	s. Bernardin
Mar.	21	s. Sospis
Mer.	22	ste Julie
Jeu.	23	s. Didier. 4 T.
Ven.	24	s. Urbain ☾
Sam.	25	s. Donatien
DIM.	26	s. Philippe
Lun.	27	*Rogations*
Mar.	28	s. Germain
Mer.	29	s. Maximin
Jeu.	30	*Ascension*
Ven.	31	ste. Pétronille

LA ROSE

Imité de l'anglais de Cowper.

La rose était mouillée ; il avait plu. Ma sœur,
Pour la charmante Anna voulait cueillir la
           rose.
Prévenant son désir, j'accours. La douce fleur
    Penchait son urne, à l'aube éclose.

D'humides diamants ce calice gonflé,
Où notre cœur devine un amoureux mystère,
Semblait, sur le rameau de boutons constellé,
    Nourrir un chagrin solitaire.

De pleurs ainsi noyée, il me fallait d'abord,
Avant d'offrir la fleur, l'alléger. Je la cueille.
Et pour la soulager de sa peine — un peu fort
    Je la secoue. Elle s'effeuille.

Que nous voilà bien tous, êtres lourds et
           brutaux,
Consolateurs sans grâce et sans délicatesse !
Nous ne savons jamais qu'appesantir les maux
    Des cœurs touchés par la tristesse.

Beauté suave et tendre, et fraîche et sans
           défaut,
Cette rose aurait pu vivre pour qui l'admire.
Une larme essuyée avec douceur, bientôt
    Se métamorphose en sourire.

H.-Fréd. Amiel.

JUIN — 30 JOURS.

Lever du Soleil.

Le 1, à 4 heures 3 m.
» 10, à 3 » 59 »
» 20, à 3 » 58 »

Coucher du Soleil.

Le 1, à 7 heures 53 m.
» 10, à 8 » — »
» 20, à 8 » 5 »

Sam. 1 s. Thierry

DIM. 2 s. Pothin.
Lun. 3 ste Clotilde
Mar. 4 s. Optat.
Mer. 5 s. Boniface
Jeu. 6 s. Claude, év.
Ven. 7 s. Lié.
Sam. 8 s. Médard.

DIM. 9 *Pentecôte*
Lun. 10 s. Landri
Mar. 11 s. Barnabé
Mer. 12 *Quatre-Temps*
Jeu. 13 s. Antoine de P.
Ven. 14 s. Ruffin
Sam. 15 s. Modeste

DIM. 16 *Trinité*
Lun. 17 s. Avit
Mar. 18 ste Marine
Mer. 19 s. Gerv., s. Prot.
Jeu. 20 *Fête-Dieu. Éq. d'été*
Ven. 21 s. Alban
Sam. 22 s. Paulin

DIM. 23 s. Jacques. V. J.
Lun. 24 s. Jean-Baptiste
Mar. 25 s. Prosper
Mer. 26 s. Babolein
Jeu. 27 s. Crescent.
Ven. 28 s. Loubert. V. J.
Sam. 29 ss. Pierre & Paul

DIM. 30 Conv. des. Paul

L'ÉTOILE

Quand, le soir, à peine une étoile
Se montre pour charmer nos yeux,
Brillante, sereine et sans voile,
Isolée en un coin des cieux.

Lorsque, de la voûte profonde,
Elle semble, vivant témoin,
Contempler notre pauvre monde,
Lui sourire d'en haut, de loin.

Ah! modérez votre espérance,
Aux champs arides d'ici-bas,
Souvent la meilleure semence
Se meurt et ne prospère pas.

Un coin de ciel bientôt s'efface,
Le nuage envahit l'azur,
Il nous dérobe dans l'espace
Et la lumière et l'astre pur!

Une étoile riante et belle
Ne brille point seule longtemps,
Et le retour d'une hirondelle
N'est pas le retour du printemps.

JULES VUY.

JUILLET

31 JOURS.

Lever du Soleil.

Le 1, à 4 heures 2 m.
» 10, à 4   »   9 »
» 20, à 4   »   20 »

Coucher du Soleil.

Le 1, à 8 heures 5 m.
» 10, à 8   »   0 »
» 20, à 7   »   22 »

Lun.	1	ste Eléonore
Mar.	2	Visitat. de N.-D.
Mer.	3	s. Thierry
Jeu.	4	ste Berthe
Ven.	5	ste Zoé
Sam.	6	s. Tranquille
DIM.	7	ste Aubierge ☽
Lun.	8	s. Procope
Mar.	9	s. Cyrille
Mer.	10	ste Félicité
Jeu.	11	Tr. s. Benoit
Ven.	12	s. Gualbert
Sam.	13	s. Eugène
DIM.	14	s. Bonaventure
Lun.	15	s. Henri
Mar.	16	s. Eustale ⊕
Mer.	17	s. Alexis
Jeu.	18	s. Clair, év.
Ven.	19	s. Vincent de P.
Sam.	20	ste Marguerite
DIM.	21	s. Victor
Lun.	22	ste Madeleine ☾
Mar.	23	s. Apollinaire
Mer.	24	ste Christine
Jeu.	25	s. Jacques
Ven.	26	Tr. s. Marcel.
Sam.	27	s. Pantaléon
DIM.	28	ste Anne
Lun.	29	ste Marthe ●
Mar.	30	s. Abdon.
Mer.	31	s. Germ. l'Aux.

LE BLUET ET L'ÉPI

Tu n'as pas un regard pour moi ! dit le bluet
A l'épi jaunissant qui, près de lui, s'élève ;
Tout revêtu d'azur, ne suis-je pas coquet ?
Le passant me sourit . . ma vie est un
                beau rêve.

Qui s'arrête pour toi ? Le laboureur se plait
Sans doute à regarder ton sein qui se soulève,
Plein de grains, pain du ciel, véritable
                bienfait !
Mais ton ciel est commun et rien ne le
                relève.

A quoi sert ton éclat ?.. Répond, charmante
                fleur,
Ne prend plus avec moi le ton du persifleur :
Tous deux nous vivons d'air, de soleil et
                de pluie !

Aimons-nous donc ! Vois-tu .. la pauvre
                humanité,
Si tout cœur a besoin d'un peu de poésie,
Soupire après le pain plus qu'après la beauté.

      F. OYEX-DELAFONTAINE.

AOUT   31 JOURS.

Lever du Soleil.

Le 1, à 4 heures 35 m.
 » 10, à 4 »   47 »
 » 20, à 5 »   1 »

Coucher du Soleil.

Le 1, à 7 heures 37 m.
 » 10, à 7 »   22 »
 » 20, à 7 »   4 »

Jeu.	1	ste Sophie
Ven.	2	s. Etienne, p.
Sam.	3	ste Lydie
DIM.	4	s. Dominique
Lun.	5	s. Yvon.
Mar.	6	Transf. de J.-C.
Mer.	7	s. Gaëtan
Jeu.	8	s. Justin
Ven.	9	s. Amour
Sam.	10	s. Laurent
DIM.	11	ste Suzanne
Lun.	12	ste Claire
Mar.	13	s. Hippolyte
Mer.	14	s. Guer. V. J.
Jeu.	15	s. ASSOMPT.
Ven.	16	s. Roch.
Sam.	17	s. Mammès.
DIM.	18	ste Hélène
Lun.	19	s. Louis, év.
Mar.	20	s. Bernard
Mer.	21	s. Privat.
Jeu.	22	s. Symphorien
Ven.	23	s. Sidoine
Sam.	24	s. Barthélemy
DIM.	25	s. Louis, roi
Lun.	26	s. Zéphirin
Mar.	27	s. Césaire
Mer.	28	s. Augustin
Jeu.	29	s. Médéric
Ven.	30	s. Fiacre
Sam.	31	s. Ovide

ELLE !

La chanson du bul bul, (*) la voix de la
                 colombe,
Le murmure de l'eau qui jaillit et qui
                 tombe,
Le zéphyr qui glisse et pleure dans les bois,
Le doux gazouillement et le battement d'ailes
De l'oiseau qui s'élève aux voûtes immortelles
   Sont moins doux que ta voix.

L'éclat mystérieux et tendre d'une étoile,
Le chaste demi-jour qui, le soir, comme un
                 voile,
Entoure la campagne et s'étend dans les
                 cieux ;
La candide splendeur des perles de rosée
Qu'on voit glisser le long de la fleur épuisée
   Sont moins doux que tes yeux.

Le velours qui s'étend sur la pêche odorante
De la reine des fleurs la douceur énivrante,
La neige dans l'hiver, qui couvre le chemin,
L'écume qui jaillit, au loin, sur le rivage,
Le duvet de l'oiseau qui chante sous
                 l'ombrage
   Sont moins doux que ta main.

----•◇•----

(*) bul bul (langue turque) rossignol.

Lever du Soleil.
Le 1, à 6 heures 18 m.
» 10, à 5 » 31 »
» 20, à 5 » 45 »

Coucher du Soleil.
Le 1, à 6 heures 41 m.
» 10, à 6 » 22 »
» 20, à 6 » 1 »

DIM.	1	s. Leu, s. Gilles
Lun.	2	s. Lazare
Mar.	3	s. Grégoire
Mer.	4	ste Rosalie
Jeu.	5	s. Bertin, ab.
Ven.	6	s. Eleuthère
Sam.	7	s. Cloud
DIM.	8	*Nat. de N.-D.*
Lun.	9	s. Omer
Mar.	10	ste Pulchérie
Mer.	11	s. Hyacinthe
Jeu.	12	s. Raphaël
Ven.	13	s. Maurille
Sam.	14	Exalt. ste Cr.
DIM.	15	*Jeûne fédéral*
Lun.	16	s. Corneille
Mar.	17	s. Lambert
Mer.	18	s. *Quatre-Temps*
Jeu.	19	s. Janvier.
Ven.	20	s. Eustache
Sam.	21	s. Matthieu
DIM.	22	s. Maurice
Lun.	23	ste Thècle
Mar.	24	*Equin. d'autome*
Mer.	25	s. Firmin
Jeu.	26	ste Justine
Ven.	27	s. Côme, s. Dam.
Sam.	28	s. Venceslas
DIM.	29	s. Michel
Lun.	30	s. Jérôme

SEPTEMBRE

Beau Septembre, le mois des pommes,
Des pêches et du court-pendu,
Que tu causas d'ennuis aux hommes
Pour un maudit fruit défendu.

Je te garde, vieille rancune,
Sans pomme, Eve et serpent, je dis :
— Nous aurions la bonne fortune
D'être sur terre en paradis.

Ce fut en Septembre. sans doute.
Qu'eut lieu notre damnation ;
Sans elle, ô toi, pécheur qui doute
Que serait la rédemption ?

Ah ! ne sondons pas ce mystère,
Car entre l'écorce et le bois,
La chose en ceci la plus claire
Est de n'y point mettre les doigts.

Bacchus, le front orné de grappes,
En frappant d'un broc son tonneau,
Invite à ses folles agapes
Les flambards et les buveurs d'eau.

.MÉRIL CATALAN.

OCTOBRE

31 JOURS.

Lever du Soleil.
Le 1, à 6 heures 1 m.
» 10, à 6   »   14 »
» 20, à 6   »   30 »

Coucher du Soleil.
Le 1, à 5 heures 37 m.
» 10, à 5   »   19 »
» 20, à 4   »   59 »

Mar.	1	s. Remy
Mer.	2	sts Anges gard.
Jeu.	3	s. Cyprien
Ven.	4	s. François d'As.
Sam.	5	s. Constant
DIM.	6	s. Bruno
Lun.	7	s. Serge
Mar.	8	s. Thaïs
Mer.	9	s. Denis
Jeu.	10	s. Paulin
Ven.	11	s. Gomer
Sam.	12	ste Vilfride
DIM.	13	s. Géraud
Lun.	14	s. Calixte
Mar.	15	ste Thérèse
Mer.	16	s. Gal.
Jeu.	17	s. Cerbonet
Ven.	18	s. Luc, évang.
Sam.	19	s. Savinien
DIM.	20	s. Caprais.
Lun.	21	s. ste Ursule
Mar.	22	s. Mellon
Mer.	23	s. Hilarion
Jeu.	24	s. Magloire
Ven.	25	s. Crépin, s. Cré
Sam.	26	s. Rustique
DIM.	27	s. Frument.
Lun.	28	s. Simon, s. Jude
Mar.	29	s. Faron
Mer.	30	s. Lucain
Jeu.	31	s. Quentin, V. J.

LE POMMIER

J'avais le front brûlant et la lèvre altérée.
L'hôte qui me reçut était doux, était beau ;
Il avait pour enseigne une pomme dorée
    Que supportait un long rameau.

C'était, ô pommier vert ! sous ta vaste ramée
Que je me reposais, voyageur trop heureux !
Je me reconfortai de ta pulpe enbaumée,
    De ton nectar délicieux.

Dans ce joyeux palais bien des hôtes avides
Prenaient part au régal si jôliment servi :
Ils allaient, ils venaient, ils sautillaient, rapides,
    Et tous ils chantaient à l'envi.

Pour délasser mon corps des sueurs du voyage,
J'eus un lit de gazon à l'abri du soleil,
Et mon hôte lui même, étendant son feuillage,
    Me recouvrit dans mon doux sommeil.

Je voulus à la fin lui demander mon compte ;
Mais d'un air souriant il secoua le front...
Bénissez-le, mon Dieu ! pour que la sève monte
    Abondante en son sein fécond !

P. GAUTIER (d'après Uhland).

NOVEMBRE

30 JOURS.

Lever du Soleil.
Le 1, à 6 heures 49 m.
» 10, à 7 » 3 »
» 20, à 7 » 17 »

Lever du Soleil.
Le 1, à 4 heures 38 m.
» 10, à 4 » 24 »
» 20, à 4 » 13 »

Ven.	1	TOUSSAINT 3
Sam.	2	*Trépassés.*
DIM.	3	s. Marcel.
Lun.	4	s. Charles
Mar.	5	s. Zacharie
Mer.	6	s. Léonard
Jeu.	7	s. Florent
Ven.	8	stes Reliques
Sam.	9	s. Mathurin
DIM.	10	s. Juste
Lun.	11	s. Martin
Mar.	12	s. René
Mer.	13	s. Brice
Jeu.	14	s. Bertrand
Ven.	15	s. Malo
Sam.	16	s. Edme
DIM.	17	s. Agnan
Lun.	18	s. Odes
Mar.	19	ste Elisabeth
Mer.	20	s. Edmond
Jeu.	21	*Présent. N.-D.*
Ven.	22	ste Cécile
Sam.	23	s. Clément
DIM.	24	s. Séverin, sol.
Lun.	25	ste Catherine
Mar.	26	ste Geneviève
Mer.	27	s. Max. S. Lin.
Jeu.	28	s. Sosthènes
Ven.	29	s. Saturnin
Sam.	30	s. André

LES VIEUX PORTRAITS

SONNET

Trente portraits d'ayeux causent dans la
grand' salle
Parfois un rire fou descend des hauts lambris,
Parfois une critique ou maligne ou brutale...
De qui se moque-t-on?... Quoi, de leurs
petits-fils!

La politique, l'art, les mœurs, la foi vénale,
Et les petits crevés et la poudre de riz,
Tout y passe... le siècle est une saturnale,
Et nos modes surtout leur font jeter des cris!

Soudain, un des portraits, du temps de
Louis XIII,
Dit à ces discoureurs, du sommet de sa
fraise :
N'avez-vous pas été, vous aussi, fort... joyeux,

Et pris de cette soif que jamais rien
n'apaise?
Epargnez donc vos fils, car ne vous en
déplaise !
Pour jouir autrement vous n'en valiez pas
mieux !

Ch.-L. De Bons.

DÉCEMBRE   31 JOURS.

Lever du Soleil.

Le   1, à 7 heures 34 m.
» 10, à 7   »   45 »
» 20, à 7   »   53 »

Coucher du Soleil.

Le   1, à 4 heures 4 m.
» 10, à 4   »   1 »
» 20, à 4   »   3 »

DIM.	1	*Avent* ☽
Lun.	2	s. François-X.
Mar.	3	s. Fulgence, év.
Mer.	4	ste Barbe
Jeu.	5	s. Sabas
Ven.	6	s. Nicolas
Sam.	7	ste Fare
DIM.	8	*Conception N.-D.*
Lun.	9	ste Léocadie ○
Mar.	10	ste Valère
Mer.	11	s. Daniel
Jeu.	12	s. Valéri
Ven.	13	ste Luce
Sam.	14	s. Nicaise
DIM.	15	s. Mémin
Lun.	16	ste Adélaïde
Mar.	17	ste Olympie ☾
Mer.	18	*Quatre-Temps*
Jeu.	19	s. Timothée
Ven.	20	*Équinoxe d'hiver*
Sam.	21	s. Thomas
DIM.	22	s. Honorat.
Lun.	23	ste Victoire ●
Mar.	24	ste Delphine
Mer.	25	*NOËL*
Jeu.	26	s. Étienne
Ven.	27	s. Jean, évang.
Sam.	28	sts Innocents
DIM.	29	s. Trophime
Lun.	30	s. Sabin
Mar.	31	s. Sylvestre, p. ☽

DÉCEMBRE

Entendez-vous siffler les portes,
Ronger les poutres du plancher ?
Le vent déchaîne ses cohortes ;
Le rat chez vous veut se nicher.

Redoublez donc de surveillance,
Interceptez les vents coulis ;
Mettez vos grains en assurance
Et craignez le torticolis.

Jusque vers la fin de Décembre,
Le négociant bien appris,
Sur le grand livre, dans sa chambre,
Compte ses pertes, ses profits.

Heureux celui qui sans coquille,
Sans brèche à son matériel,
Peut fêter, paisible en famille,
La joyeuse nuit de Noël,

Lecteurs, je dois reprendre haleine ;
Autre nouvel an va passer :
Je vous souhaite à tous la veine
De le pouvoir bien commencer.

MÉRIL CATALAN.

CE QUE DIT UN ALMANACH MINIATURE

A Mr A. M.

Tout petit, fort modeste, il ne m'est pas permis
De prétendre à jouer, près d'un livre superbe,
Un grand rôle... Hélas non ! je ne suis qu'un brin d'herbe
Dans un jardin peuplé de vigoureux semis,
Je le sais ! et sans bruit aussi je fais ma ronde
Heureux conteur de rencontrer de sympathiques cœurs ;
Laissant aux grands penseurs la critique profonde,
Je me plais à semer par-ci par-là, des fleurs :
C'est déjà quelque chose ! Il est de gros ouvrages
Où l'ennui nous surprend en contemplant ces pages
Savantes plus ou moins, trop obscures parfois
Que rarement on ouvre une seconde fois !...

Je me plais à chanter notre vieille Helvétie,
Laissant la politique au monde fédéral :
Plus on s'en mêle, hélas ! et plus elle va mal,
Aussi je cherche ailleurs... ou prose ou poésie
Sans quitter le beau sol de mon pays natal :

Il est petit, mais grand! surtout libre, je l'aime!
Et j'aime à recueillir nos contes, nos refrains,
Nés au bord de nos lacs, à l'ombre des sapins,
Et que d'une humble voix un peu partout je sème...
Pour cueillir un bouquet, d'un bien minime prix.
Bouquet apprécié par de nombreux amis,
Fidèles... c'est assez pour faire aimer la vie!...
Je trotte dans les vals, les sentiers, la prairie...

Combien de promeneurs parcourant les forêts
Se baissent pour cueillir violettes, muguets,
A côté de leurs sœurs qui portent haut la tête,
Attirant les regards par de vives couleurs...
Vers elles rarement un pélerin s'arrête:
Il n'est point de parfum dans ces brillantes fleurs!

F. Oyex-Delafontaine.

NOS PLAGES

NOS PLAGES.

Nos poêtes ont chanté, le grand lac bleu, l'azur de son ciel, ses rives enchanteresses, Rousseau, Byron, Victor Hugo ont aussi payé le tribut de l'admiration.
— Nos lacs ont aussi leurs peintres, qui n'a vu dans nos expositions, les charmants tableaux de M. Bocion, la péniche pavoisée qui se mire dans les flots de turquoise, le canotier du Léman, les élégantes riveraines dont la mante éclatante traine dans l'eau, au loin les mille couleurs de la rive qui se jouent dans les ondes.
— M. Bocion a bien voulu apporter son tribut à notre publication, il nous offre un bout de plage, au bord du grand lac, une grève tendre, sur laquelle maître corbeau marque ses pattes.

Gens et oiseaux sont les habitués de la plage, vivant dans ce magnifique paysage, dont ils oublient la splendeur.

SOUVENIR DE BERNE.

Nous avons oublié, dans cette ville antique,
  Les coutumes de ce temps-ci.
Enivrés tous les deux de gloire romantique,
  Nous avons chassé le souci.

Nous avons revécu tout le vieux Moyen-Age
  Toi bachelette et moi rimeur.
Je remplissais gaiment mon nouveau personnage
  Au contact de ta bonne humeur.

Nous avons ri devant cette fontaine étrange
  Où figure un ogre inhumain,
Très bien vêtu d'ailleurs, sans gêne aucune il mange
  Un pauvre diable de gamin.

En somme ce Monsieur me paraît fort aimable
  Et ne me semble pas cruel.
J'évoque, en le voyant, les hauts faits et la table
  Du bon sire Pantagruel.

ROBERT CAZE.

LE BIEN PARFOIS VIENT EN DORMANT.

I.

— En vérité, ma chère, j'ai assez de la campagne. A pied comme à cheval et en voiture ; au bois comme aux champs, la promenade m'ennuie à périr !

Ces paroles étaient prononcées par une très jeune et très jolie blonde, vêtue de mousseline blanche et coiffée d'un chapeau bleu pâle, à l'aile coquettement relevée par une touffe de roses, qui seyait à merveille à sa physionomie gracieuse et piquante et rappelait ce charmant portrait de la princesse de Lamballe, par Mme Vigée le Brun.

Sa compagne, fort agréable aussi, offrait un type tout différent : grande, svelte, brune et pâle, l'air rêveur, ce n'était pas, on le devinait malgré l'élégance de sa robe de soie grise, une enfant gâtée de la fortune, ce devait être la demoiselle de compagnie de la jolie blonde au chapeau bleu.

— Je vous dis que je m'ennuie, répéta celle-ci, qu'avez-vous à répondre à cela, Juliette ?

— Que si vous vouliez dessiner ou faire de la botanique, nos promenades deviendraient intéressantes.

— Grand merci, ma belle Minerve, j'aime peu les arts et je déteste l'étude. La tête de Marguerite n'est pas faite pour devenir un logis à science, tous ceux qui se sont occupés de mon éducation le savent bien. On m'a donné une émule pour stimuler ma paresse ; l'émule a appris tout ce qu'on nous enseignait, moi je n'ai appris qu'à aimer cette Juliette dont le mérite aurait dû me rendre jalouse, que je devrais détester et que j'adore.

— Et qui vous le rend bien, chère Marguerite.

— Et qui devrait me le prouver en me faisant des propositions plus divertissantes que d'étudier la botanique. Je serais désolée d'apprendre en latin le nom des fleurs des champs. Mais à propos, Juliette, pour qui ce bouquet que vous nuancez avec tant de soin ?

— Pour qui sinon pour vous ? répondit Juliette, en présentant à sa jeune compagne un petit bouquet de pervenches et de roses des bois.

— Merci, ma chère petite, votre bouquet est ravissant, mais à la promenade, j'aime avoir les mains libres et j'ai déjà mon ombrelle. Donnez-moi seulement cette églantine pour mettre à ma ceinture.

Les deux jeunes filles continuèrent à suivre la route qui traverse la forêt de Merk......., Marguerite. faisant une moue ennuyée, Juliette admirant la beauté de cette matinée de printemps qui mettait dans le feuillage tant de rayons et tant de mélodies, et semait tant de fleurs sur les tapis de mousse. De temps à autre, elle se baissait pour ajouter à son bouquet un brin de muguet, ou une tige de myosotis.

— Que c'est donc insupportable, s'écria la jeune blonde, de se promener une heure sous bois, sans trouver l'ombre d'une aventure !

— Et quelle aventure, espériez-vous donc, Marguerite ?

— Que sais-je ? une rencontre extraordinaire comme dans les romans : un beau chevalier qui vous charme ou un brigand qui vous effraie, mais rien, rien.....

— Les choses et les gens les plus extraordinaires ne sauraient ni nous charmer ni nous effrayer quand nous avons Joseph sur nos pas, répondit Juliette. Ah ! mais, où est-il donc ? ajouta-t-elle en se retournant.

— Oui, cherchez-le, s'écria Marguerite en riant aux éclats, quand nous avons passé devant l'auberge des *Trois cerfs*, je lui ai fait signe d'y entrer pour se rafraîchir, et comme Joseph est le modèle des serviteurs dociles, il s'est empressé de m'obéir.

— Je n'ai pas remarqué cela, répondit Juliette.

— Je crois bien, quand vous êtes plongée dans vos rêves éthérés, on m'enlèverait sous vos yeux que vous n'y donneriez nulle attention.

— Ainsi, nous sommes seules ? C'est mal ce que vous avez fait là, ma chère Marguerite, Mme la comtesse sera fâchée.

— Et qu'en saura-t-elle ? Ce n'est pas vous je

suppose qui lui raconteriez mon espiéglerie, et quant à Joseph.....

— Retournons sur nos pas, je vous en prie.

—. Pas du tout, poltronne, dit Marguerite en saisissant le bras de sa compagne, je serais désolée de rentrer encore.

— Mais puisque la promenade vous ennuie ?

— Plus à présent. Depuis qu'elle vous contrarie elle m'enchante, et qui sait si maintenant je n'aurai pas enfin mon aventure ?

— Pas si haut, regardez.

Et la demoiselle de compagnie indiquait à Marguerite un homme, endormi au bord du chemin.

— A la bonne heure ! fit l'espiégle, et tenant toujours la main de Juliette qui voulait s'éloigner, elle ajouta : « Allons le voir de plus près. »

Toutes deux s'approchèrent sans bruit du dormeur. Ses vêtements fort propres, mais usés jusqu'à la corde, annonçaient une pauvreté qui se respecte ; la poussière qui couvrait ses chaussures parlait d'une longue route à pied. Un étui à violon posé près de lui attestait sa profession. Il était jeune, il était beau ; son chapeau de paille était tombé et on pouvait voir un grand front couronné de boucles noires, épaisses et soyeuses. La curieuse Marguerite aurait bien voulu savoir la couleur de ses yeux. Si elle avait interrogé les oiseaux qui voltigeaient au-dessus de sa tête, ils auraient pu lui dire que c'étaient de très grands yeux bruns, brillants comme des diamants et doux comme du velours, qu'ils avaient vus, eux, tout grands ouverts, et qui s'étaient prestement fermés au moment où les jeunes filles s'étaient approchées.

— Quelle belle tête! dit tout bas Juliette à sa compagne, on dirait un marbre antique.

— Il est certain, fit de même Marguerite, qu'il est beaucoup trop beau pour un racleur de violon.

— Racleur de violon! répéta Juliette choquée, avec cette physionomie-là, il ne saurait manquer d'avoir du talent. Il peut être encore inconnu, c'est bien possible, il est si jeune, mais il deviendra célèbre, je n'en veux d'autre preuve que ce front apollonien.

— Quel feu! ma Juliette, que ne prenez-vous tout de suite un laurier pour couronner votre Apollon?

— Moqueuse! allons-nous-en

— Pas avant d'avoir fait un présent à votre protégé. Jouons auprès de lui le rôle de divinités tutélaires; son équipage me fait présumer qu'on peut hasarder un don sans indiscrétion. Qu'à son réveil il trouve des marques de notre munificence. Juliette, exécutez-vous.

— Hélas! qu'ai-je à donner? fit la jeune fille avec mélancolie. Ah! ces fleurs que vous avez refusées. Soit, puisque vous le voulez.

Elle posa le bouquet des champs sur la caisse du violon.

Marguerite sourit d'un air un peu dédaigneux,

tira de sa poche une bourse de soie bleue dont les mailles laissaient briller de l'or et la mit à côté du bouquet de Juliette. Un léger mouvement du dormeur effraya les jeunes dames qui s'enfuirent comme des biches effarouchées.

II.

Une heure après, les deux amies entraient dans le salon du château de Sch........ Une dame âgée, belle encore, et qu'à sa ressemblance avec la blonde Marguerite on devinait être sa mère, travaillait à une riche tapisserie.

— Eh bien, mes enfants, dit-elle avec un aimable sourire, la promenade a-t-elle été belle et intéressante ?

— Superbe, maman, répondit Marguerite. Juste au moment où je me plaignais qu'elle ne nous eût rien offert de divertissant, nous avons trouvé un Endymion endormi, un Apollon comme l'appelle Juliette, qui par parenthèse en a la tête tournée.

— Marguerite ! protesta la demoiselle de compagnie.

— Oui, oui, je l'ai bien vu à votre air rêveur. Dans tout le reste de la promenade, vous ne m'avez plus adressé la parole, plus même répondu. Oui, maman, Juliette est énamourée de ce bel inconnu.

— Et toi peut-être aussi ? fit la vieille dame en souriant.

— Pour cela non, maman, et vous comprendrez pourquoi. Notre Endymion, notre Apollon, n'est au moins à en juger par l'apparence, rien de plus qu'un musicien ambulant, aussi je n'entends pas que Juliette continue à en rêver.

— Et pourquoi pas, répondit la demoiselle de compagnie avec un sourire dont l'enjouement cachait quelque tristesse, je ne suis pas une fille de chevaliers, moi, je ne suis pas une héritière. Aussi pauvre, aussi obscure que cet inconnu, je pourrais sans déroger lui donner mon cœur, si j'en avais la fantaisie.

— Ce serait déroger, mademoiselle, répliqua vivement Marguerite, car vous êtes ma sœur, et tant que nous sommes riches, vous n'êtes pas pauvre. N'est-ce pas, maman ?

— Certainement, repondit la comtesse, Juliette sait bien que lorsqu'elle aura rencontré un jeune homme digne d'elle, ce n'est pas le manque de dot qui empêchera son bonheur.

La jeune fille ne répondit pas, mais baisa avec émotion la main de la vieille dame.

— Pour en revenir à notre aventure, reprit Marguerite, nous avons passé près du dormeur, comme des fées bienfaisantes, lui laissant témoignage de notre sympathie, Juliette des fleurs, moi quelques pièces d'or, ce qui est moins poétique. Mais je crois pourtant que mon présent sera le mieux venu. Qu'en pensez-vous, maman?

La comtesse fit un signe de tête approbateur.

— Je suis bien de cet avis, ajouta Juliette, mais pauvre fée sans baguette, je n'avais rien de mieux à donner.

En ce moment un domestique entra : « Mademoiselle, dit-il à Marguerite, voici une bourse qu'un jeune homme vient de me remettre ; il dit l'avoir trouvée dans le bois et avoir reconnu aux armoiries qu'elle appartenait à quelqu'un de la famille de Sch....... »

— Oui, c'est bien ma bourse, fit Marguerite avec dépit. — Ma chère Juliette, nous sommes tombées sur un ingrat, il me renvoie mon or et aura jeté ton bouquet.

— Qui sait, dit la vieille dame, du moment qu'il méprise l'argent......

Juliette qui avait craint de voir recommencer les plaisanteries de son amie, s'était approchée d'une fenêtre et arrosait les plantes de la jardinière. De cette fenêtre d'angle on voyait la route : un jeune homme s'éloignait rapidement comme s'il eût craint d'être rappelé. Mais il tourna une fois la tête vers le château, et Juliette qui avait de bons yeux distingua parfaitement un petit bouquet passé dans le ruban du chapeau de paille.

III.

L'hiver suivant, Vienne, cette ville enthousiaste était aux pieds d'un jeune compositeur hongrois, récemment arrivé de sa province, qui avait étudié la musique sous un humble organiste de village et qui n'en était pas moins devenu un très grand artiste. La protection du baron de B..., à qui il était recommandé, l'avait promptement fait connaître d'une société sincèrement éprise de l'art et qui ne demande qu'à admirer. On s'étouffait aux concerts de Franz K....; les princesses lui demandaient comme une faveur de vouloir bien leur donner des leçons; ses compositions musicales étaient sur tous les pianos; les orchestres des promenades ne jouaient plus que ses valses, les dames de la cour ne chantaient plus que ses romances dont les paroles lui appartenaient comme la musique, car Franz était poète aussi. Parmi ces romances, il y en avait une qu'on était sûr d'entendre dans toutes les soirées musicales. Elle méritait cette vogue, l'air en était délicieux et les paroles que nous essayons de traduire, ne manquaient pas de grâce dans la langue originale.

> Un jouvenceau près d'une haie,
> S'endormit pauvre et malheureux.
> L'oiseau jetait sa note gaie
> A tous les échos amoureux.
> Le jeune dormeur se réveille,
> Se réveille, au bout d'un moment.
> La main pleine d'or, ô merveille!
> *La fortune vient en dormant.*

Près de cet or, fraîches écloses,
Maintes fleurs ouvraient sous ses doigts
Leur coupe de nacre et de roses.
Petit bouquet de fleurs des bois,
Sans consulter la modestie,
Le jouvenceau te prit vraiment
Pour un gage de sympathie.
Le bonheur vient donc en dormant.

Cet enfant avait l'âme fière.
Il se débarrassa de l'or,
Mais de l'offrande printanière,
Il a conservé le trésor.
En rêvant aux beaux yeux de celle
Qui lui fit un don si charmant,
Il s'en va, le cœur tout plein d'elle.
L'amour aussi vient en dormant.

Marguerite et Juliette ne furent pas les dernières à connaître cette poésie, pourtant ni l'une ni l'autre ne la chantèrent, on devine pourquoi. Mais elles l'écoutaient volontiers, quand Franz, devenu l'habitué du salon de Mme de Sch....., la répétait de sa belle voix sonore et harmonieuse. Il la chanta souvent pendant l'hiver. Au printemps, il épousa Juliette, refusant avec un désintéressement assez rare, même chez les artistes, la dot que Mmes de Sch..... insistaient pour donner à leur aimable protégée. Le jeune couple fut-il heureux ? question délicate, à laquelle on me permettra de ne pas répondre. Tout ce que je puis dire, c'est qu'après dix ans, Franz redit encore

volontiers sa romance, et qu'au dernier couplet, il a
comme autrefois, le sourire aux lèvres et Juliette les
larmes aux yeux.

BERTHE VADIER.

LE FIDÈLE ECKART.(*)

— « Oh ! si nous étions loin ! si j'étais arrivé !.....
« Elles sont là ! voici nos nocturnes furies ;
« Quelles méchantes sœurs. dont l'esprit dépravé
« Passe ici, nous frôlant comme des diableries,
« Puis, boit notre nectar apporté de bien loin :
« Lorsqu'elles partiront. nos cruches seront vides ! » —

Ainsi se lamentaient des enfants. sur le point
De rapporter chez eux de bienfaisants liquides. —
Voici venir alors un bon vieux compagnon
Qui, pour les rassurer. leur tient ce doux langage :

(*) Imité de Gœthe.

— « Cessez donc, mes amis, votre discours grognon.
« Mes bien aimés, voyez, la sorcière en voyage
« A chassé bien longtemps, et de soif va périr
« Si vous ne la laissez, en paix, se satisfaire :
« Soyez compatissants ; le pot ne peut tarir ! » —

Ainsi dit, ainsi fait ! Ces esprits sans lumière
Qui se meuvent en cercle et que notre œil confond,
Paraissent ombrageux et s'agitent dans l'ombre :
Ils s'accordent fort bien pour arriver au fond ;
Ils vous hument le tout et s'échappent en nombre,
Avec un grand fracas, de sourds mugissements ;
Puis, par monts et par vaux, s'écoule leur cohorte.....

Alors, notre vieillard parle encore aux enfants :

— « Ecoutez, mes petits, avant que de la porte
« Vous franchissiez le seuil, en retournant chez vous,
« Reprenez donc courage et soyez bien dociles ! ..... »

— « Que sert-il d'espérer ? Car, en rentrant chez nous,
« Tous, nous serons grondés, battus, comme imbéciles ! » —

— « Non, non, rien de pareil ne peut vous arriver.....
« Mais, comme souriceaux, sachez très-bien vous taire !
« Suivez ce bon conseil, sans vouloir l'esquiver ! » —

Or, celui qui conseille et dit ce qu'il faut faire,
C'est notre vieil ami qui se fait tout à tous ;
Il joue avec l'enfance et chérit le jeune âge ;
C'est le loyal Eckart qui donne des joujoux,
Lui dont on parle tant, comme d'un être sage.

Enfin, ses protégés, de retour, promptement
Se cachent en un coin, car l'angoisse et la crainte
Font à tous redouter un juste châtiment.
Mais le père s'écrie en parole non feinte :

— « Ce breuvage est très bon, d'exquise qualité !
» D'où peut bien provenir cette boisson charmante ? » —

Chacun témoigne alors de son habileté
A deviner d'où vient la liqueur qui l'enchante.
La cruche merveilleuse a toujours pour verser ;
A la ronde on a bu, pourtant, trois fois de suite.....
On demande aux enfants où donc ils vont puiser,
Car d'un fort grand prodige on voit la réussite.
Alors les souriceaux, négligeant le secret
De vases très-petits pouvant à tous suffire,
Racontent l'épisode, avec un air discret,
Et se mettent bientôt à chuchoter et rire.....
— La source alors s'arrête après cet attentat !.....

Retiens cette morale, ô bouillante jeunesse :
Lorsqu'un père, une mère, un maître, un magistrat
Te dit : « La loi commande ! » obéis sans faiblesse !

Louis Sené,
Professeur au Gymnase de Genève.

ARMÉE SUISSE
Jadis et aujourd'hui.

Le cortége historique du centenaire de Morat a mis en évidence les côtés brillants des armées confédérées du passé: ce spectacle, qui nous a transportés en plein XVème siècle, évoquait tous les souvenirs de l'époque où les dernières traditions de la chevalerie venaient se briser sous la vigoureuse main des paysans suisses. Le cortége de Morat nous a rappelé toutes les passions et tous les dévouements des ancêtres, leur rudesse sauvage, leur violence, mais aussi leur amour du sol et de l'indépendance, leur foi et leur courage: il fallait à ces hommes robustes des saies de couleur voyante, et, quand après de nombreuses batailles ils eurent le sens de leur force, ils revêtirent le velours et la soie, ils endossèrent les cuirasses où l'on maria divers métaux, et qu'on cisela comme des pièces d'orfévrerie : ils eurent des casques comme les chevaliers, qu'ils avaient défaits dans maints combats, et ces fameux chapeaux *emplumés à la Souisse* dont parle Rabelais.

C'est après les guerres de Bourgogne que cet épanouissement de luxe arriva à son comble, il se traduisit par l'apparition des *compagnons de joyeuse vie* qui troublèrent un moment la sécurité des campagnes et même des villes comme Berne et Genève, et contre lesquels il fallut sévir par le fer et la roue.

JADIS

Les valeureux soldats qui avaient battu les armées régulières dans tant de combats, ces hommes fiers de leur indépendance et qui s'inclinaient devant Dieu sur les champs de bataille, s'éprirent, d'aventures, d'or et d'inconnu, on les vit abandonner la patrie pour aller vendre leur sang aux princes de l'Europe. Ils rapportèrent du service étranger les mœurs des armées permanentes, et l'amour du luxe. Les magistrats combattirent ce danger par des lois somptuaires.

La lutte contre les envahisseurs et la part active que prirent les Suisses dans toutes les luttes européennes placèrent l'armée des confédérés à un niveau des plus élevés dans l'opinion des hommes de guerre; on concluait des alliances avec les pâtres des Alpes, et l'on briguait leur amitié avec de l'or et des puissants. Brantôme dit quelque part : *J'ai vu en nos armées, quand nous avions un gros de Suisses, nous nous estimions invincibles ce nous semblait.* Comines complète cette opinion par un mot demeuré proverbial. *Ils étaient l'espérance de l'Ost* (armée). Tout cela explique l'allure fière, insolente même, de nos ancêtres guerriers, allure que les vitraux et les statues de nos fontaines nous ont précieusement conservée. A Marignan les Suisses étaient armées et équipés avec autant de recherche que les troupes du roi François Ier.

Le luxe des vêtements continua dans les milices des cantons pendant les XVIIème et XVIIIème siècles;

après l'époque impériale elles s'inspirèrent des modes de tous leurs voisins, et notre pays présenta l'intéressant spectacle de la diversité la plus variée d'uniformes, qui n'eurent de commun que le brassard fédéral, emblême vénéré, et l'un des rares éléments pittoresques de notre armée actuelle.

A la recherche du beau, au brillant, aux couleurs héroïques on a substitué le pratique, le sombre et le monochrôme. En tenue d'hiver, ou de campagne, l'armée suisse est de couleur gris-bleu, et sans le brassard ce serait la combler de la monotonie. On a enlevé au soldat le prestige d'une tenue élégante, on a par ce, attiédi le sentiment militaire. La réaction se fera; il faut à l'homme de guerre un peu d'éclat du clinquant, il relève le front sous un panache; les grandes passions, les enthousiasmes généreux de nos ancêtres seraient, mal à l'aise sous un vêtement étriqué et lugubre.

A. BACHELIN.

AUJOURD'HUI

LES OURS DE BERNE.

Or, nous sommes allés voir les ours. Ces rentiers
Ont l'air majestueux et grave. Très entiers
Dans leurs opinions de bêtes à fourrure,
Ils dressent lourdement leur massive carrure
Et font pourtant les beaux lorsqu'un moindre passant
Veut honorer leur gueule énorme d'un croissant.
Ils sont friands, ils ont le goût des bonnes choses,
Ils se reposeraient volontiers sur des roses
Si la grâce pouvait servir à la lourdeur
Cependant quelquefois un reste de pudeur
Fait songer ces bourgeois, ces bêtes parvenues.
Les ours ne dressent plus leurs mufles vers les nues.
Ils songent au passé, doux temps où, sous le ciel,
Libres, ils dérobaient quelque rayon de miel
A l'ombrage puissant et large des grands chênes,
Aux courses dans les bois, à l'air des monts, aux chaînes
Dont un jour on chargea tous leurs membres épais ;
On leur promit du pain, des viandes et la paix.
Esclaves, ils n'ont plus que des voluptés fausses,
Et tout grognons, les ours font le tour de leurs fosses.

ROBERT CAZE.

LE BOUC DE CHAITION ET LE TROU-DE-LA-SOT.

LÉGENDE JURASSIENNE.

Du temps que saint Germain et saint Randoald n'étaient pas encore des saints, mais pratiquaient la vie religieuse de manière à ne pas manquer de le devenir, le diable voyait avec une profonde jalousie l'empire qu'ils faisaient prendre sur les âmes à la cause du ciel, grâce aux bienfaits qu'ils répandaient à Moutier et aux lieux circonvoisins de leur couvent.

Or, dans ce temps-là, vivait à Chaîtion un vieux garçon, tailleur de son état, qui avait fait son tour de France et qui passait pour un peu libertin, de sorte qu'il n'avait pu encore trouver de compagne. On ne sut jamais au juste d'où il était originaire, mais, à son accent, on était porté à croire qu'il venait du Midi. Comme il n'avait pas déposé de papiers, on s'était habitué à le considérer comme un enfant du pays et vu qu'il n'avait pas de parenté, il était un peu parent de tout le monde, surtout à cause de son état, qui lui ouvrait l'accès de toutes les maisons, tant des hameaux que des fermes environnantes, où il allait en toutes saisons travailler à la journée pour y confectionner les robes des paysans et tailler les corselets et les jupes des paysannes.

Les vêtements étaient alors bien loin d'être confectionnés comme de nos jours : les hommes n'avaient pas encore de pantalons, voir même de culottes. Maître Coujouyoux, c'était le nom du tailleur, se contentait de leur fabriquer de grossières tuniques et, suivant les saisons et leurs travaux, ils n'en portaient qu'une ou deux, ou plusieurs superposées; celle de dessous était longue, la seconde moins longue et ainsi de suite; en hiver, quand il faisait bien froid, ils en revêtaient, selon leurs moyens, jusqu'à six les unes sur les autres, de sorte que celle de dessus ressemblait à un tout petit gilet et l'homme qui les portait, à une lunette d'approche. Du reste, on n'avait pas encore trouvé le moyen d'y adapter des manches, encore moins des poches et maître Coujouyoux gémissait de n'être pas plus savant.

Cependant, il arrivait quelquefois des étrangers dans le pays, surtout depuis que les troupes du seigneur Cathic occupaient la vallée de la Byrse et avaient pour quartier-général le Mont-Chaibeut. C'étaient des marchands juifs, des colporteurs, qui trafiquaient de divers objets et principalement de pièces d'habillements beaucoup plus commodes que ceux confectionnés avec si grand' peine par Coujouyoux, de qui l'on commença un peu à se moquer, ce qui le vexait beaucoup.

Un soir, le 13 janvier, que celui-ci revenait de Mettemberg, où il avait travaillé, il passa pour revenir dans la vallée par le défilé des Roches-de-la-

Sot et il murmurait : ah ! que n'ai-je un bon compagnon connaisseur des modes nouvelles, pour m'apprendre enfin à couper et bâtir des habits passables. Au moment où il passait près de la caverne appelée le Trou-de-la-Sot, un quadrupède barbu s'arrêta en face de lui : il vit à une éclaircie de la lune à travers les nuages que c'était un grand bouc tout noir et il voulut le chasser en brandissant ses grands ciseaux, qui ne le quittaient jamais. Mais le bouc, bien loin de se sauver, se mit, ô surprise ! à lui parler en bon patois vâdais :

— Petit Coujouyoux, lui dit-il d'un ton assez amical, tu voudrais un compagnon. Avec mon secours, tu n'en as pas besoin : tu peux connaître les meilleures coupes d'habits faire les meilleures coutures et cela, à une seule condition.....

— Mais, messire Bouc, interrompit en tremblant le pauvre tailleur, qui êtes-vous donc? que vous parlez !....

A ces mots, les yeux du bouc brillèrent comme des tisons ardents, ses cornes s'illuminèrent et parurent aussi hautes que les plus hauts sapins, puis, posant ses pattes de devant sur les épaules du tailleur, il lui dit d'une voix terrible et basse :

— Accepte ce que je t'offre ou sinon je t'emporte dans ce trou noir de la Sot !

— J'accepterai, messire Satan, mais au nom du Père.....

— Arrête et écoute-moi : prends tes ciseaux et vite, coupe-moi la barbe que j'ai sous le menton et tu seras le premier tailleur du Jura; je ne t'en demande pas davantage.

Le pauvre Coujouyoux, ne voyant aucun danger pour son âme à contenter cette bizarre ambition du diable à se séparer de cet ornement, ouvrit de la main droite ses grands ciseaux et saisissant de la main gauche la barbe du malin, il la coupa. A peine l'eut-il coupée, qu'il entendit un formidable éclat de rire et qu'il vit le bouc faire de gigantesques cabrioles. Tout ce qu'il vit des sauts burlesques et ce qu'il entendit de l'animal diabolique lui parut si drôle qu'il dut en rire lui-même, quoique tout tremblant.

Enfin, il s'empressa de continuer son chemin, devant lui courait et gambadait le bouc, qui tantôt ne ressemblait qu'à un bouc ordinaire et tantôt semblait marcher sur ses pattes de derrière, ayant revêtu un long habit noir avec un chapeau pointu et la canne à la main; puis il disparut derrière une haie et il ne le revit plus.

Arrivé chez lui, maître Coujouyoux, bien fatigué, s'alla coucher et dormit comme une souche jusqu'au matin.

Comme le lendemain de cette nuit drôlatique était un dimanche, il alla de bon matin faire sa toilette à la fontaine voisine, mais. ô surprise! Lui dont le visage était tout uni et agrémenté jusqu'alors de deux petites côtelettes rousses, que vit-il? il avait sous le menton une longue barbiche noire, une vraie barbe de bouc. Vite il prit ses ciseaux et il la coupa; puis il vaqua à quelques petites occupations avant de se rendre à la grange où avait lieu en ce temps-là l'assemblée religieuse, vu que la chapelle n'était pas terminée.

En sortant du Saint-Lieu, le tailleur fut surpris des chuchottements qui se firent entendre autour de lui. Enfin le magister lui dit: «Mais depuis quand portes-tu une pareille barbe de bouc?» Effrayé, il porte la main à son menton et il y sent la fameuse barbe, qui a repoussé incontinent. Il ne sait que dire. «Fi-donc, vas-y donner un bon coup de ciseau, lui répétait-on, ce ne peut être là que l'œuvre du malin.» Il courut chez lui et se dépêcha de la recouper; mais elle reparut dans la soirée. Il dut ensuite la couper chaque jour deux fois; puis enfin, de guerre las, il la laissa pousser sous son menton.

Cependant une autre surprise l'avait attendu et, comme le lui avait promis le bouc de la Sot, le Coujouyoux réussissait maintenant savamment dans son métier; l'on adopta peu à peu la nouvelle mode d'habits qu'il sut confectionner et qui consistaient en chepons ou habits-vestes à grands cols, manches étroites avec longues poches et des culottes ainsi que grandes guêtres.

Une seule chose l'impatientait: c'était l'idée de rester vieux garçon et il aurait bien aimé prendre femme ; mais toutes les filles à qui il avait parlé de mariage avaient en horreur sa longue barbe de bouc et l'une d'elles, la rousse Bâbi, lui avait dit : « Je t'épouserai dès que tu auras quitté pour toujours ta *bouquette* ; passe encore pour tes petites côtelettes ; mais ta bouquette, rase-la, extirpe-la. »

Il avait essayé de toutes manières : non content de la couper à toutes les heures du jour et de la nuit et aux différentes lunaisons, il avait tenté de la brûler ; il l'avait arrachée poil par poil ; mais elle reparaissait toujours. Ce qu'il y eut ensuite de terrible dans sa position, c'est qu'on vint à prétendre que Satan avait pénétré dans le pays et que, sans doute, il s'était débarrassé de sa barbe de bouc afin de ne pas être reconnu : car à chaque nouvelle lune, une jeune fille disparaissait d'un hameau ou d'une ferme et l'on avait entendu tantôt des cris lamentables, tantôt des chants d'orgie dans le trou des Roches-de-la-Sot, que personne n'osait plus approcher. Enfin, tout le monde était d'accord qu'il fallait restituer à son maitre primitif sa barbe de bouc et que cette barbe n'était autre que celle du pauvre Coujouyoux.

Celui-ci, après avoir fait en vain plusieurs pèlerinages et plusieurs vœux, en était réduit à s'entendre appeler du nom de « Bouc de Chaîtion » et on ne le désignait plus au long et au large que sous ce nom cabalistique, lorsqu'il eut l'idée lumineuse de se débarassser de sa barbe par un stratagème qui devait tromper le diable lui-même.

Il se promenait un soir silencieusement au pied du Mont-Chaibeut en songeant à son aventure, quand il vit sous l'ombre d'un poirier un homme couché et endormi, en qui il reconnut le sieur Ollioz, maître-tailleur du seigneur Cathic et capitaine d'habillements de son armée. Inspiré d'une idée subite, il prit ses ciseaux (qui ne le quittaient jamais), coupa sa barbe de bouc, l'enduisit de poix-résine et lestement, sans bruit, alla la coller sous le menton du dormeur qui, par bonheur, au lieu de s'éveiller, ne fit que se tourner de l'autre côté.

Maître Coujouyoux se retira non loin de là et attendit un peu; caché derrière le tronc d'un sapin, il observa maître Ollioz et sa nouvelle barbe. Celui-ci venait de se lever et tenait la maudite barbe; des deux mains, il essaya de l'arracher, mais elle tenait bon et il s'en alla enfin en maugréant.

— Bon! se dit Coujouyoux, mon stratagème a réussi et me voilà débarrassé. — Mais hélas! il n'en fut pas ainsi et dans la soirée, étant sur le point de rentrer au hameau, il fut saisi par des mains invisibles, couché à terre et fouetté à tour de bras. Quand il put enfin se relever, au clair de la lune, il vit qu'il était changé en bouc, oui, en bouc noir avec une grande barbe d'ébène et il se retira tout penaud dans son taudis.

Par bonheur le matin, quand le jour reparut, il était de nouveau homme à barbe de bouc; mais chaque soir, entre neuf et dix heures, il redevenait bouc et ainsi de suite. Il résolut de n'en rien dire à personne; mais son secret dut néanmoins transpirer, car lorsqu'il se retardait un peu à la veillée et qu'il voulait s'empresser de retourner chez lui, maintes fois des gars prétendirent qu'il avait disparu et qu'il avait été remplacé par un bouc. Aussi était-ce plus que jamais le cas de s'écrier en le voyant : « Voilà le bouc de Chaîtion ! »

Et tout ceci était arrivé par la malice de maître Ollioz, qui, étant païen, n'avait pas eu de peine à reconnaître celui qui lui avait pendu une barbe au menton et, à l'aide d'un simple sortilége, il s'était vengé comme un païen qu'il était.

Heureusement Coujouyoux, qui en définitive n'avait pas vendu son âme au diable, rencontra un jour saint Randoald, qui allait à Courtételle et qui, en ce moment, se reposait sous un chêne à la Communance. Après s'être signé dévotement et avoir salué le simple et savant religieux, il lui exposa sa situation malheureuse et burlesque à la fois et lui raconta exactement la vérité. Le saint homme l'écouta avec bonté et lui dit qu'avec l'aide de Dieu et de la sainte vierge du Vorbourg, il le sauverait de son persécuteur, et cela dès le soir même, s'il voulait le suivre, lui donner ses ciseaux et lui obéir.

Il le lui promit et, pour ne pas y manquer, il le suivit toute la journée en brave homme et en récitant les litanies de tous les saints; mais dès que vint le soir, il le suivit en bouc et il allait gambadant par les buissons, de telle sorte que le saint, tout en le plaignant, ne pouvait pas s'empêcher de rire. Néanmoins, afin que l'instinct animal ne l'emportât pas sur la volonté de l'homme contre l'accomplissement de sa promesse, il le lia par sa barbe au moyen du cordon de sa robe et le conduisit ainsi en laisse jusqu'auprès de la chapelle du Vorbourg et là, l'ayant attaché à une croix des stations, il entra, se mit en prières pendant une bonne heure, bénit les ciseaux, puis vint prendre maître Coujouyouxbouc. Il le mena ensuite jusqu'au versant nord de la Montagne jusqu'à la Croix chez-le-Jerm et là il se remit en prières en ordonnant au bouc de s'agenouiller et de répéter ses paroles. Celui-ci obéit et ayant acquis par cette action un courage héroïque et une force surnaturelle, il demanda de lui-même au saint homme d'aller combattre Satan, son ennemi. Randoald, voyant ses bonnes dispositions, le lâcha vers le trou-de-la-Sot et, chose merveilleuse! le cordon de sa robe s'allongea à mesure que le bouc s'éloigna du saint, qui était resté en prière.

Tout-à-coup, à l'entrée du trou-de-la-Sot, parut un autre bouc, qui sentait le phosphore, avait des cornes très hautes et des yeux comme des charbons ardents. Il s'élança et voulut lutter contre le bouc de Chaïtion, mais au premier choc ses cornes s'embarrassèrent dans le cordon bénit; le bouc de Chaïtion s'empressa de tourner autour de lui et l'emprisonna encore davantage dans le cordon et, en s'éloignant, le laissa un instant ainsi empétré comme dans un filet. S'approchant alors de maitre Coujouyoux, le religieux, au moyen des ciseaux bénits, lui coupa net sa barbe de bouc, souffla dessus et à l'instant elle s'envola et elle alla reprendre sa place sous le menton du véritable bouc des Enfers, qui, rugissant et bondissant, rompit le saint cordon et alla rouler dans le Trou-de-la-Sot, d'où aussitôt sortirent avec un coup de tonnerre formidable des flammes de toutes les couleurs et de toutes les pestilentielles odeurs.

Pendant ce temps Coujouyoux-bouc était attiré par le saint au bout de son cordon jusqu'au tournant de la montagne, puis ayant été jeté par lui dans la fontaine du Vorbourg, il reprenait définitivement sa forme d'homme et, guéri et purifié, il allait remercier la bonne Notre-Dame de son salut.

Le saint homme reçut aussi ses chaleureux remerciments ; mais il lui recommanda de ne point parler de lui et de n'attribuer qu'au ciel sa délivrance, surtout de bien pratiquer la religion et de s'en retourner tranquillement chez lui. Coujouyoux, tout joyeux, lui promit tout et il tint parole, sauf toutefois que bien des années après il raconta son aventure à son fils Melchior, qui était devenu magister à Bonfol et qui la consigna dans ses mémoires; car maître Coujouyoux se maria avec la rousse Bâbi Rosselatte et ils eurent beaucoup d'enfants.

Seulement on fut bien étonné partout dans le Jura

de sa miraculeuse délivrance et c'est depuis ce temps-là qu'on dit d'un homme qui ne dépend de personne et qui n'est affligé d'aucune infirmité :

« *Il est franc comme le bouc de Chaîtion.* »

DELÉMONT 1877.   J. R.

A PROPOS DE LA NOUVELLE HÉLOÏSE.

J'étais encore enfant lorsque j'ai lu *Julie ;*
Tout pensif, j'inclinais ma figure palie
Sur le récit fatal des amours de Saint-Preux.
Je ne cherchais point là les passages scabreux,
Ni les émotions empoignantes, ni même
La science qui montre au lecteur comme on aime.
Je suivais simplement les tableaux de l'auteur,
Me plaisant à gravir avec lui la hauteur
Et montant au sommet des cimes désolées
Pour embrasser des yeux les lacs et les vallées.
Et je me recueillais, malgré les mille cris
Et les mille chansons du rugissant Paris.
Je n'avais jamais vu que de loin la montagne,
C'était en France, auprès des frontières d'Espagne.
Le livre de Rousseau me fit ambitieux
Je voulus voir ces monts dont la tête est aux cieux,
Écouter la chanson argentine des sources
Contempler et le Rhone et le Rhin dans leurs courses.
Je suis heureux. J'ai vu. J'ai trouvé, dans les monts
La liberté civique et les amours profonds,
La haine des tyrans et la femme charmante
Qui par fois est ma sœur et parfois mon amante.

ROBERT CAZE.

LES SOUHAITS RIDICULES.

Comédiolette en un acte, tirée du conte de Perrault.

Personnages :

BLAISE, bucheron.
FANCHON, sa femme.

(Intérieur de la cabane de Blaise. A droite une porte ; sur le devant une table couverte d'une nappe grossière : deux assiettes, une cruche en terre. Auprés de la table des chaises.)

Scène Ire

Fanchon (gaiment).

Tout est bien cuit ; la nappe est misé,
Et si la chair n'est pas exquise,
Le travail a su nous donner
L'appétit pour l'assaisonner.
Mais Blaise point encore n'arrive ?
Pressé de souper, ce convive
Jamais ne revient aussi tard.
S'il savait qu'une soupe au lard
L'attend. (On entend marcher à la cantonade.)
      Des pas ! (Elle ouvre la porte.)
         Est-ce toi Blaise ?

Scène IIe

Fanchon, Blaise.

Blaise.

Oui bien, Fanchon. Ouf! une chaise.

(Il s'assied.)

Fanchon.

De toi j'étais presque en souci.
Il n'est rien arrivé?

Blaise.

Que si!

Que si!

Fanchon.

Du fâcheux?

Blaise.

Au contraire,
Du bonheur. Écoute ma chère.

Fanchon.

Mais où sont tes fagots?

Blaise.

Pressé
De revenir, j'ai tout laissé
Au bois.

Fanchon.

Quelle idée est la tienne?
On va les prendre.

Blaise (indifférent).

Qu'on les prenne!

Fanchon.

Est-tu fou ?

Blaise.

Si quelque indigent
Les trouve et s'en fait de l'argent
Tant mieux. Irons nous être chiches,
A présent que nous voilà riches ?

Fanchon.

Riches ! nous ?

Blaise.

Riches comme rois !

Fanchon.

Est-ce que par hasard, au bois,
D'un trésor tu fis découverte ?

Blaise (dédaigneusement).

Un trésor, peuh !

Fanchon.

Comment peuh ?

Blaise.

Certe,

On a mieux que ça !

Fanchon.

Mieux encor ?

Blaise.

Cent fois mieux, ma chère. Un trésor
Ce n'est rien.

Fanchon.

Rien ?

Blaise.

Emplis mon verre
Et nous te conterons l'affaire.

(Il tend son verre à Fanchon qui l'emplit, puis il le vide d'un trait.)

Fanchon (avec intérêt.)

Voyons ?

Blaise.

Tantôt, j'étais songeant
Au propriétaire exigeant ;
Au dur travail qui nous échine
De l'aube au soir ; à la farine
Si chère à présent ; aux impôts,
Que sais-je ? En liant mes fagots,
Tout haut, je parlais de nos peines,
M'imaginant que les grands chênes
Seuls m'entendaient, — quand, tout-à-coup,
Un vieux nain sort, je ne sais d'où :
Barbe blanche, œil vif, le teint rose,
L'air bon et pourtant quelque chose
D'assez malin. D'un habit vert
A capuche, il était couvert ;
Sa main tenait une baguette.....

Fanchon (vivement).

C'était un génie ?

Blaise.

Oui Fanchette.

Je le devinai tout d'abord,
Et mon cœur battit un peu fort :
« Tu te plains, dit-il, pauvre hère,
« Non sans cause. De ta misère
« J'ai grand pitié; sois sans effroi,
« Mon ami, retourne chez toi;
« Prends conseil de ta ménagère;
« Entre vous deux, vous pourrez faire,
« Ensemble, ou bien seuls, trois souhaits,
« Et moi, l'Esprit de ces forêts,
« Je jure, et ce n'est pas un leurre,
« Qu'ils seront accomplis sur l'heure. »
Il disparaît après ces mots;
Moi, je laisse là mes fagots
Et je reviens.

Fanchon.

Quelle aventure !

Trois souhaits?

Blaise.

Trois.

Fanchon.

Je me figure

Qu'un tout seul déjà suffit bien
Pour que nous ne manquions de rien.

Blaise.

Le petit homme fait les choses
En grand.

Fanchon.
Nous voilà sur les roses :
Plus de travail, plus de souci !
Bon petit nain, cent fois merci !

Blaise.
N'avais-je pas raison, ma biche,
De te dire qu'on était riche ?

Fanchon.
Si. — Que souhaitons-nous ?

Blaise.
Faut voir.

Fanchon.
C'est que nous pouvons tout avoir,

Blaise.
Tout : moulins, fermes, bois, prairies.

Fanchon.
Rubans, dentelles, pierreries.

Blaise.
Bon attelage pour les champs.

Fanchon.
Carrosse à quatre chevaux blancs.

Blaise.
Sacs d'écus.

Fanchon.
Habits magnifiques.

Blaise.

Tonneaux en cave.

Fanchon.

Domestiques.

Galonnés.

Blaise.

On peut à son gré
Devenir un seigneur titré.
Hé!

Fanchon.

Certainement, et je compte
Que tu te feras au moins comte.

Blaise.

D'abord à table! — Après souper,
Nous pourrons mieux nous occuper
De nos souhaits.

Fanchon.

C'est bien dit. Coupe
Le pain.

Blaise.

Qu'avons-nous?

Fanchon.

De la soupe
Avec du lard et des choux.

Blaise.

Fi!

Fanchon (étonnée).

Quoi! toujours cela t'a suffi?

Blaise.

Oui, quand j'étais un pauvre diable.
Mais aujourd'hui, sur notre table.
Je voudrais quelque plat... nouveau.
Ah! la belle tête de veau,
Qu'on portait ce soir à la cure!
Elle me plairait, je t'assure,

(Une tête de veau paraît sur la table.)

Cela s'appelle être servi.

Fanchon (en colère).

Le beau sujet d'être ravi!
Tu devrais pleurer ta sottise.

Blaise (étonné).

Moi?

Fanchon.

Toi. — Ce souhait à ta guise
Va joliment nous enrichir!

Blaise (consterné).

Ah! — j'ai parlé sans réfléchir.

Fanchon.

Quelle stupidité profonde!
Quand on peut obtenir le monde,
Aller demander.....

Blaise.

J'eus grand tort

Fanchon.

Une tête de veau!

Blaise.
D'accord.

Fanchon.
Une tête de veau !

Blaise.
Sans doute.

Fanchon.
Une tête.......

Blaise.
Fanchon, écoute
Ce souhait de triste façon,
Il me servira de leçon,
Et je ne......

Fanchon.
Faut-il être bête
D'aller demander une tête
De veau......

Blaise.
Mais enfin......

Fanchon.
Je voudrais
Bien, pour t'apprendre, esprit épais,
A lancer de telles paroles,
Que tu l'eusses sur les épaules,
Ta tête de v....
(La tête de veau saute sur les épaules de Blaise.)

Blaise.
Ah !

Fanchon (consternée).
 Qu'ai-je fait ?
Mon pauvre Blaise !

Blaise (furieux).
 Ton souhait
Vaut bien le mien, méchante femme !

Fanchon (avec douceur).
Oh ! je suis digne de tout blâme.
J'ai parlé sans penser ; pardon,
Mon bon cher mari.

Blaise.
 Non, non, non.

Fanchon.
Mes regrets....

Blaise.
 Font-ils que ma tête
Ne soit pas celle d'une bête ?
Je devrais......

Fanchon.
 Oui, mon pauvre cher,
Tu devrais me battre, c'est clair.

Blaise (serrant les poings).
Maudit nain, ta faveur funeste
Me coûte bon !
Fanchon.
 Mais il nous reste
Encore un souhait. Nous pourrons
Réparer le mal.

Blaise (brusquement).

Réparons.

Fanchon.

Si tu veux ta mine ordinaire,
Reprends-là, mais elle est bien chère.
Penses-y donc.

Blaise.

De tout le bien
Qu'on pouvait avoir, n'avoir rien,
C'est dur.

Fanchon (timidement).

Si plutôt, mon pauvre homme.
Nous nous souhaitions... un royaume ?

Blaise.

Et garder ma tête de veau ?

Fanchon.

Un roi n'est-il pas toujours beau ?
Mon ami quand une couronne
Autour de la tête rayonne,
De la forme de celle-ci
On ne se met guère en souci.

Blaise.

Moi, je préfère au diadême,
Une tête qui soit moi-même.

Fanchon.

Pourtant, habiter un palais......

Blaise.
Mais être le plus laid des laids.

Fanchon.
Etre obéi dès qu'on commande,
C'est une douceur assez grande.

Blaise.
Belle douceur aussi de voir
Toujours un veau dans son miroir.
Dis-moi, Fanchon, en conscience,
Je fais peur ?

Fanchon hésitant).
Mais... non

Blaise.
Si.

Fanchon.
Je pense
Qu'on peut s'accoutumer à tout,
Et que tu seras à mon goût,
Quelque jour.

Blaise.
Tu veux être reine
A mes dépens ?

Fanchon.
Chose certaine,
J'aimerais l'être, tu comprends.
Mais pourtant pas à tes dépens.

Blaise (en colère).

Puisque la couronne te tente
Allons, je te ferai contente.
Tu veux que je sois souverain
Soit......

Fanchon.

Si tu te sens trop de chagrin
Pourtant, d'être fait de la sorte,
Je ne voudrais pas......

Blaise.

Que t'importe ?

Je désire être....

Fanchon (vivement).

Non, tais-toi.
Ce souhait me regarde, moi.

Blaise.

Et moi donc ?

Fanchon (après avoir réfléchi un instant).

C'est vraiment dommage,
Que toi, le plus beau du village,
Tu montres un pareil museau.

Blaise (un peu moqueur).

Un roi n'est-il pas toujours beau ?

Fanchon.

Aux yeux des courtisans peut-être,
Et des peuples dont il est maître,
Mais de sa femme......

Blaise.
Tu disais
Qu'on s'accoutume à tout ?

Fanchon.
Oui, mais
Devant ce muffle, je regrette
Ta belle mine franche, honnête,
Ton sourire de bonne humeur,
Tes yeux clairs qui m'ont pris le cœur.
Ce museau, tu l'as par ma faute,
Mon devoir veut que je te l'ôte.
Je souhaite....
Blaise.
Réfléchis bien,
Attends encor.
Fanchon.
Je n'attends rien.
Mon désir n'est plus d'être reine,
Mais bien que mon ami reprenne
Son visage.   (La tête de veau disparaît.)

Blaise (joyeux).
C'est fait !

Fanchon (battant des mains).
Bravo !
Bravo ! mon mari n'est plus veau.

Blaise.
Ma foi, je me sens mieux à l'aise,
Ça me gênait.

Fanchon.
Mon pauvre Blaise,
Je le crois.

Blaise.
Nous voilà pourtant,
Bucherons tout comme devant.

Fanchon.
Hélas ! le méchant petit gnome
S'est moqué de toi, mon cher homme.

Blaise (sérieux).
Non, contre lui point de rancœur,
Femme, il a voulu, de grand cœur,
Nous aider, mais notre imprudence
Rendit vaine son assistance.

Fanchon.
Tu parles vrai, c'est contre nous
Que nous devons être en courroux ;
Notre sottise nous ruine.

Blaise.
C'est dit : mais de faire la mine
Cela ne remédie à rien,
Tout au contraire.

Fanchon.
Je sais bien.

Blaise.
Bah ! j'imagine qu'à notre âge
On peut se passer d'équipage ?

Fanchon (souriant).

Pour ça, oui.

Blaise.

Mais soupons enfin,
Car après tout cela j'ai faim.
La diète est pour le malade.
Dis, qu'avons-nous pour régalade ?

Fanchon.

Rien que du lard avec des choux.

Blaise.

Comment, c'est un festin pour nous !

Fanchon.

Tu trouves ?

Blaise (gaîment).

Foin de la richesse !
Nous possédons santé, jeunesse,
Et nous nous aimons par dessus ;
Pour être homme, que faut-il de plus ?

(La toile tombe).

LE VOYAGEUR ET LE SAPIN. (*)

(D'après Justin Kerner.)

Sous le moulin l'onde se joue ;
Assis dans le plus doux repos,
Je regardais tourner la roue,
Je regardais passer les flots.

C'était comme un songe sans doute !
La scie ardente du moulin
Se frayait une large route
A travers le tronc d'un sapin.

Des douleurs poignante harmonie !
L'arbre parut vivant aussi ;
Tout tremblant dans son agonie,
Il me parla soudain ainsi :

« Tu viens à l'heure solennelle,
« A l'heure juste, ò voyageur ;
« Pour toi, la blessure mortelle
« Pénètre au profond de mon cœur !

(*) Textuellement : Le voyageur dans la scierie.

« Ce sapin qui, sur ton passage,
« Pleure dans un deuil sans pareil,
« Après ton court pélérinage,
« Arbritera ton long sommeil! »

Quatre planches roulent à terre;
Le cœur tout navré, je voulus
Répondre à cette voix austère,
— La roue, hélas! ne tournait plus!

Jules Vuy.

LE CAILLOU VEINÉ.

Pauvre Eugène, il partait le lendemain pour la Russie, et selon toute apparence, de longues années se passeraient avant qu'il pût revoir son pays, ses amis. sa famille. Il faisait sa malle, le cœur gros, essayant parfois de mentir à son chagrin, en fredonnant un air vif et joyeux. Vain effort! une main de fer lui serrait la gorge, et chaque ritournelle finissait par un sanglot.

Sa malle était à moitié faite : le linge, les vêtements, les livres y avaient déjà trouvé place, mais que de choses encore, il eût voulu pouvoir y entasser. Son armoire est si riche en souvenirs de tout espèce! présents reçus au jour de l'an et aux anniversaires, petits objets plus ou moins inutiles mais confectionnés et offert par des mains amies, riens charmants qui sont sans prix pour la jeunesse, cet âge désintéressé qui part pour le voyage de la vie sans autre trésor que des affections et des rêves! S'il était possible de tout emporter? mais la valise est si petite! Que prendre? qu'abandonner? Choix difficile! Le jeune homme ne faisait qu'ôter, remettre, arranger, déranger, et chercher, par des merveilles de combinaisons à augmenter la capacité de sa malle de voyage.

Comme il rejetait dans son armoire un gros livre illustré qui n'avait décidément pu trouver où se loger, il fit tomber quelque chose qui frappa le parquet avec bruit. Eugène ramassa l'objet, et se mit à le considérer, avec plus d'attention, semblait-il, que le dit objet n'en méritait, car c'était un caillou tout simplement; un assez gros caillou ovale, bombé d'un côté, plat de l'autre, d'un brun sombre, strié et moucheté de blanc jaunâtre, un de ces cailloux comme on en trouve en quantité au bord des rivières.

Tel qu'il était, le jeune homme continuait à le regarder avec une émotion extraordinaire tout à coup, il s'approcha de sa table à toilette et le plongea dans une cuvette pleine d'eau. Sous cette immersion, le caillou se transforma merveilleusement. Le champ devint d'une belle couleur de marbre sanguin; les veines se détachèrent, blanches comme l'albâtre sur ce fond sombre et permirent d'admirer leur délicatesse et la grâce étrange que le hasard avait mis à leur groupement. On eût dit une troupe de nymphes et de sylvains menant la danse au bord d'un ruisseau, sous des arbres au feuillage finement découpé, et avec un peu d'imagination, la pierre mouillée devenait un camée d'onyx, travaillé par un ciseau grec ou romain.

Ce n'était cependant pas des impressions de l'antiquité que le caillou donnait à Eugène, ce qu'il lui rappelait avec vivacité, c'étaient les souvenirs de son enfance et de sa première, de sa plus chère amitié. — Ses parents habitaient la campagne, et tous les jours, il jouait avec son petit voisin Camille, un enfant de son âge, beau comme un ange, spirituel comme un lutin, un peu malicieux, très vif, le meilleur cœur du monde, bref, un compagnon délicieux. Ils s'aimaient comme deux jumeaux, ne pouvaient vivre l'un sans l'autre, et pourtant se querellaient souvent. Camille avait la parole vive, Eugène plus doux était susceptible et boudait volontiers, mais l'étourdi reconnaissait son tort avec tant de grâce, faisait de si bon cœur les premiers pas vers la réconciliation, que la mésintelligence durait peu et qu'après chaque petite querelle, on découvrait qu'on s'aimait davantage.

Quelles belles heures ils avaient passé ensemble au bord du *Nant* qui traverse la propriété du père de Camille, tantôt plongeant dans l'eau, avec confiance, une ligne destinée à des poissons absents, tantôt confiant aux vagues inconstantes des navires de coquilles de noix avec des voiles en papier, et surtout, admirant les beaux cailloux qui tapissent le lit du ruisseau, et qui, à travers le voile humide qui les couvre, paraissent de lapis, de jaspe et d'agate!

Cette admiration n'était pas restée purement platonique; nos deux gamins se déchaussaient, entraient dans l'eau jusqu'à mi-jambe et marchaient résolument à la conquête de ces pierres précieuses. Des montagnes et des grottes s'étaient élevées sur les bords du *Nant,* constructions enfantines dont les petits architectes étaient probablement aussi fiers qu'Ictinus du Parthénon, et Michel-Ange du dôme de Saint-Pierre.

Puis on avait grandi, et méprisant les grottes et les tumulus on avait rejeté en bloc toutes les pierres dans la rivière. Quelque temps après, on avait recommencé la pêche aux cailloux, mais cette fois avec des intentions scientifiques; il s'agissait de collections. En conséquence, on éliminait tout ce qui était vulgaire, banal, on ne gardait que les morceaux de choix, les pièces rares, et tout au contraire du temps où l'on entassait sans scrupule des vingtaines de cailloux semblables, on n'admettait qu'un seul échantillon de chaque espèce, mais aussi accompli que possible.

Les servantes s'étaient d'abord énergiquement opposées à cet envahissement minéralogique du logis, mais les obstacles n'avaient fait qu'enflammer le zèle de nos jeunes savants et il avait fallu, bon gré mal gré, donner à leurs cailloux le droit de cité. Dans le commencement, Eugène était le pourvoyeur de Camille, Camille était celui d'Eugène et chacun d'eux jouissait plus du musée de son ami que du sien.

Mais à mesure que leurs étagères étaient garnies, les deux petits camarades s'étaient laissé peu à peu envahir par l'égoïsme du collectionneur. La collection commençait à passer avant l'amitié, on allait volontiers sur les brisées l'un de l'autre; on se précipitait ensemble sur le même caillou : « Je l'ai vu le premier ! — Non, c'est moi. — Point. — Si. » Bref la fable de l'*Huître et des Plaideurs* se jouait chaque jour au bord du *Nant,* mais on finissait heureusement par se mettre d'accord sans l'intervention de Perrin Dandin.

Un jour, cependant, le caillou en litige était si gros, si beau, si remarquable, que le procès devint sérieux. Camille l'avait réellement découvert le premier; il soutint son droit et comme il avait une bonne poigne, il eut le dessus. Après d'infructueux efforts pour lui arracher l'objet contesté, Eugène s'éloigna la rage dans le cœur. Mais il n'avait pas fait dix pas que le bon Camille l'avait rejoint et lui glissait la pierre dans la main : « Tiens, prends-le, je ne veux pas te faire de chagrin pour ça. » Eugène, touché de cette générosité, veut l'imiter en refusant nouveau débat, cette fois à qui n'acceptera pas le caillou. Enfin le pétulant Camille imposa sa volonté, la pierre fut acquise à Eugène et devint la maîtresse pièce, le plus beau joyau de son musée.

On avait grandi encore, tant que les collections furent méprisées et qu'un beau jour, les précieux échantillons réunis avec tant de soin, lancés par les fenêtres, allèrent diaprer le gravier de la cour. Seul, le caillou brun veiné de blanc, fut précieusement conservé.

— Tu gardes cela ? dit un jour Camille à Eugène, en regardant la pierre brune posée en guise de presse-papier sur le pupitre de son ami.

— Certe, je le garderai toujours, s'écria Eugène, c'est l'emblème de notre amitié! N'est-elle pas solide comme le roc?

— C'est vrai, avait répondu Camille, en serrant cordialement la main de son ami.

Plusieurs années s'étaient passées encore, l'emblème était toujours là, mais l'amitié qu'était-elle devenue? Hélas! cette amitié solide comme un roc, qui semblait devoir résister à tout, n'avait pas été à l'épreuve d'une querelle. Un jour, dans une réunion d'étudiants, on s'était échauffé à propos de politique. Le doux Eugène était le tenant des choses du passé, l'impétueux Camille le champion des idées nouvelles. Ils s'échauffèrent; il y eut des mots vifs, puis des mots piquants, puis de ces mots qu'on n'oublie guère. Ils s'étaient querellés cent fois auparavant, tout aussi vivement, plus vivement peut-être, et toujours ils avaient fini par s'embrasser. Mais vient un âge où le souci de la dignité personnelle est plus fort que l'affection. Cette fois, on s'était séparé sans se tendre la main.

Il y avait trois ans de cela, trois ans qu'on ne se parlait plus. Mais avait-on cessé de s'aimer? Si Eugène jugeait du cœur de Camille par le sien, il pouvait hardiment répondre non. Et il allait partir, mettre des centaines de lieues entre son ami et lui! partirait-il sans lui serrer la main?

Telles étaient les pensées d'Eugène, tandis que ses yeux suivaient les zébrures du caillou. Tout à coup, il prit son chapeau et sortit précipitamment. Il s'en alla tout droit à la demeure de Camille. Camille était à sa fenêtre, il le vit venir et en courant descendit à sa rencontre. Ils ne dirent pas une parole, mais ils s'embrassèrent en pleurant.

Il n'avait fallu qu'humecter le caillou pour rendre leur éclat à ses charmantes couleurs; de même leur amitié se raviva sous ces larmes bénies.

Eugène partit le lendemain; inutile de dire que le caillou aux veines blanches fut religieusement emporté.

BERTHE VADIER.

LES DEUX BOUQUINS.

FABLE.

Sur les rayons d'une bibliothèque,
Deux vieux auteurs, vêtus de maroquin,
S'indignaient, en grec et latin,
Qu'on méconnaît leur valeur pédantesque.

— Vous que jadis on admirait partout,
Disait l'un d'eux, vous qu'eût vanté la Grèce.
Un siècle vain vous raille et vous délaisse.
O temps! ô mœurs! décadence du goût!
— Le mal est grand, disait l'autre volume ;
Vous ravissiez chacun, m'avez-vous dit cent fois.
Et le portier.., ô comble d'amertume !
Pense à vous tout d'abord quand il manque de bois.
— Depuis qu'on s'est épris d'un certain Lamartine…
— Sans oublier Chateaubriant…
— Un pleureur! — Un vantard! — Notre crédit décline,
Et le moindre écolier de nous parle en riant.
Ceux-là sont encor acceptables,
Mais un Dickens, un Dumas, un Méry !
On résume en deux mots leurs œuvres lamentables :
Tintamare et charivari.
— Pourtant, on en rafole! — Et nous deux… la poussière
Nous a bientôt, aux trois quarts, aveuglés.
— Sans respect, un gros rat me ronge par derrière !
Que de réseaux sur nous l'araignée a filés!

— Ah! j'en rirais jusqu'aux oreilles…
Si j'en avais! dit un pamphlet joyeux,
Qui stupéfait d'ouïr des vanités pareilles,
Ecoutait les bouquins, en se cachant près d'eux.
Minute, mes bourgeois! Moi dont la couverture
Montre un gamin de la littérature,
Avec rondeur et sans façon,
Je vais vous faire la leçon.

On vous goûta jadis. Puisque l'histoire
Nous le rapporte : il faut le croire.
Nos bons ayeux aimaient les écrits lourds,
Les Dieux du Pinde et les savans discours.

Ils étaient de Paris et plus encor de **Rome**...
Ces bonnes gens, qu'endormait le loisir,
Sur vos écrits baillaient comme un seul homme.
Il leur semblait y trouver du plaisir!
Or, le goût a changé. C'est ainsi que tout passe.
A votre tour, sachez donc faire place!

Vous vous prisez bien haut. Vous avez des beautés
Dont les esprits devraient être enchantés,
Mais dans sa propre cause est-ce qu'on est bon juge?
Tenez, pour rien je ferai du grabuge
Quand j'entends, à l'envi se porter jusqu'aux cieux,
Deux écrivains, champions d'une autre époque,
Moisis, racornis. secs, obscurs, prétentieux,
Et dont, même en leur temps, plus d'un Boileau se moque!
Non, les auteurs que vous blâmez si fort
N'ont endormi personne et plaisent sans effort.
Ils sont rêveurs, légers, brillans mélancoliques.
On aime jusqu'à leurs travers,
On les admire en dépit des critiques...
Essayez de lutter contre tout l'univers!

CH.-L. DE BONS.

LE TRÉSOR DE BERNE A AVENCHES.

Après avoir conquis le pays de Vaud, les Bernois
le dotèrent d'un grand bienfait, la réforme religieuse.
Malheureusement pour eux et pour le pays, ils firent
payer cet excellent don un peu trop cher, ou plutôt
ils l'accompagnèrent d'actes et de procédés qui devaient porter un jour des fruits bien amers.

En 1536, au moment de la conquête, les églises
possédaient de grands biens, dont les avait dotées
la foi peu éclairée de nos ancêtres; la cathédrale de
Lausanne surtout était une véritable mine d'or, d'argent, de pierreries etc., dont le catalogue se compose de 97 numéros; toutes ces richesses furent en-
levées et servirent de base au fameux trésor que
Berne augmenta chaque année, pendant trois siècles
et demi, des revenus de ses pays allemands et ro-
mands.

Le gouvernement paternel de LL. EE. n'était pas
dépourvu d'excellentes qualités, il en possédait une
entre autres peu imitée de nos jours, l'économie;
mais, chez lui, cette qualité, poussée à l'excès, était
devenue de l'avarice.

Si l'on ne peut qu'approuver ses greniers d'abondance destinés à prévenir les famines, en revanche

il est impossible de ne pas blâmer sa manie de thésauriser. Si, au lieu d'accumuler dans les caveaux de Berne les produits de la dîme et autres impôts, il les eût employés à sillonner le pays de bonnes routes, à favoriser l'agriculture, le commerce, l'industrie, les arts et surtout l'instruction, il se fût attaché le peuple par la reconnaissance, il aurait échappé à la révolution de 1798 et à l'invasion française.

Nos bons voisins de France n'ignoraient pas l'existence du magot bernois; leurs ressources étaient épuisées par la guerre, il était naturel qu'ils jetassent sur lui un regard de convoitise. Pour eux, ce fut un bonheur que cette affaire de Thierrens, où une patrouille de ce village fit feu sur l'escorte de l'aide de camp Autier du général Ménard qui l'avait attaquée. Ce fut le prétexte saisi par ce général pour entrer dans le pays de Vaud, auquel il imposa une contribution de 700,000 fr. sous le nom d'emprunt, somme que la France doit encore, et que le canton de Vaud a passée au chapitre de profits et pertes. C'était le 28 janvier 1798 que Ménard entrait à Lausanne; le 30 la brigade Rampont arrivait à Avenches, où une partie de ses chevaux, logés dans un bâtiment communal derrière la tour, y détruisaient un superbe pavé mosaïque. Le 2 mars, Brune, qui avait remplacé Ménard, s'empare de Fribourg en même temps que Schauenbourg prend Soleure. Le 5 mars, tandis que Brune était battu à

Neuenegg, Schauenbourg battait 5 fois d'Erlach malgré une résistance héroïque et entrait dans Berne à 1 heure.

Une fois dans cette ville, les Français y pratiquent une forte saignée ; ils s'emparent de 300 canons et de 60,000 fusils qui seront dirigés contre les mameloucks, ils lèvent une contribution de 15 millions et, dans l'impatience d'avoir le trésor, ils en enfoncent les portes. On croit que cet argent a été employé à faire la campagne d'Egypte. Non contents de ce qu'ils viennent d'enlever, les commissaires français aux noms significatifs de Forfait, Grugeon, Rouhière et Rapinat, pressurent si bien la Suisse que tous les partis se récrient et que le doyen Bridel écrit :

> La Suisse qu'on pille et qu'on ruine
> Aimerait bien que l'on décidât
> Si Rapinat vient de rapine
> Ou rapine de Rapinat.

Le trésor de Berne fut acheminé sur Lyon dans des tonnelets solidement cerclés placés sur des chars escortés de soldats français. Après avoir dépassé la ville d'Avenches, le convoi marchant rapidement, les voitures étaient fortement cachotées par les cailloux d'une mauvaise route et un tonnelet tomba sur le chemin près de la Grange neuve sans que l'escorte s'en aperçut. Un jeune garçon d'Avenches le vit, mais ne songea point à s'en emparer, quoique cela lui eût été très-facile ; au contraire, il poursuivit, appela et avertit les soldats, dont l'un lui donna un demi-batz en lui disant : « Tiens, nigaud, va acheter une corde pour te pendre, tu as manqué une belle occasion. »

Le jeune homme, à qui arriva cette aventure, est devenu un vieux célibataire, comme son frère, qui vivait avec lui; tous deux étaient bons et aimables envers chacun ; leur demeure était, pendant les soirées d'hiver, le rendez-vous de nombreux causeurs et fumeurs, à qui l'oncle Jean et l'oncle Samin se faisaient un plaisir de raconter leurs nombreuses aventures, y compris celle du trésor de Berne; l'un et l'autre se contentant de peu paraissaient ne pas regretter les trésors dont ils auraient pu s'emparer : une bonne femme et le tonnelet d'argent!

Avenches.   J.-L. Rosset.

BALLADE ROYALE.

Voici l'hiver avec son froid cortège,
Voici l'hiver, trop vite de retour.
Les aquilons précurseurs de la neige,
Lugubre orchestre aux gais chanteurs d'amour,
Aux oiselets ont dit: «C'est notre tour.»
L'oiseau se tait, mais vous, lyre choisie,
Lèvre de miel, parole d'ambroisie,
Racontez-nous, doux sera l'entretien,
Ce que *Bulbul* dit aux roses d'Asie :
Chantez encor, vous qui chantez si bien.

De tous côtés la prose nous assiège ;
L'intérêt vil se montre sans détour,
Et l'idéal qui redoute le piège,
Doux rossignol, fuit devant ce vautour,
Roi grimaçant d'une plus laide cour.
O vous, rêveur qu'abreuva Blandusie,
Cœur généreux, miroir de courtoisie,
Pour évoquer le peuple aérien
Du bleu pays qu'on nomme fantaisie,
Chantez encor, vous qui chantez si bien.

9

Des rimailleurs la bande sacrilége
A de la muse envahi le séjour
Et transformé sa grotte en un manége
Où sous ses yeux, comme en un carrefour,
Vrais bateleurs, ils jonglent tour-à-tour.
Devant leurs cris pleins d'aigre jalousie,
La déité, d'effroi toute saisie
Est près de fuir, mais vous, l'Athénien,
Pour rassurer l'antique poésie,
Chantez encor, vous qui chantez si bien.

ENVOI.

Versez les flots de votre malvoisie,
Et des jugeurs méprisez l'hérésie,
Maître, ces gens aux vers n'entendent rien.
Pour nous qu'un luth émeut, charme, extasie,
Chantez encor, vous qui chantez si bien.

7 Octobre 1877. CAMILLE G . . . . .
de Nîmes.

LA BOHÊMIENNE.

Le journaliste Ashur Down avait 32 ans révolus,
lorsque les complications orientales commencèrent à
préoccuper l'Europe. Fils d'un des gros actionnaires
du *London-Advertiser*, il occupait dans sa rédaction
une place prépondérante, place dans laquelle il se
maintenait du reste à son honneur. Ashur, homme
au tempérament britannique, s'occupait de questions
sérieuses, des hauts problèmes politiques et sociaux,
il avait obtenu dans un concours sur la question sociale, organisé par les soins de la *British society of
sciences*, un premier accessit et il avait le droit d'en
être fier. Le jeune journaliste, tout en faisant la
part des rêveries de la science, s'était créé dans la
capitale des relations agréables, il était membre du
« *Maritim Club* » et d'une quantité d'autres sociétés
sérieuses dans lesquelles cependant on passe parfois
de joyeuses soirées. Au commencement de l'hiver le
comité du *London-Advertiser*, eut une réunion extraordinaire, dans laquelle fut discuté la question de
savoir si selon toutes probabilités, la Russie était décidée à la guerre. A l'unanimité des voix ce qui est
une preuve de la sagacité britannique, on décida
que oui. Ce vote important provoqua l'étude de la

question de savoir, si le *London-Advertiser*, qui se tire à 125,000 exemplaires, serait représenté sur le théâtre de la guerre future. L'unanimité vota oui. Ceci fixé, le comité clôtura la séance et la plupart des membres se retirèrent, pendant que d'autres s'occupèrent de la question des personnes. Il fut décidé que le rédacteur Ashur Down, serait désigné pour se rendre sur le théâtre de la guerre future pour en étudier la situation. Or donc, au commencement de l'hiver 1877, Ashur Down, partit de *Charing-Cross*, poches pleines de recommandations, et muni d'une lettre de crédit circulaire portant sa signature et sa photographie. Il dit adieu aux vieux Londres brumeux, traversa le canal et, peu de jours après, il arrivait à Vienne pour s'y orienter, puisqu'il se rendait en Orient. A Vienne, Ashur Down, que je n'appellerai que par son petit nom Ashur ou Oscar, se rendit à l'ambassade, où il apprit que la Russie n'avait nullement l'intention de commencer une guerre, néanmoins on le recommanda aux agents de la Grande Bretagne à Pesth et Bukarest. A Pesth l'opinion à propos de la guerre était fort partagée, à Bukarest, la plupart des agents diplomatiques de la reine déclarèrent que la guerre était chose impossible. Ashur était donc arrivé en Roumanie, et il pouvait étudier ce peuple dont il est tant question aujourd'hui, il avait même l'intention de traiter cette grosse affaire de main de maître et de présenter sous un jour tout nouveau dans les colonnes du *London-Advertiser*, cette race Moldo-Valaque, dont l'origine se perd dans les brumes du Danube. A peine débarqué à l'*Hôtel Dacia*, Ashur se mit à parcourir cette ville pittoresque à moitié orientale, aux trois cents églises, peuplée par les descendants des légionaires de Trajan. La légion trajane vint, comme on le sait, de Bulgarie ou plutôt de la Moésie, province romaine, pour châtier les Daces qui, pendant l'hiver, traversaient le Danube, pris de glace, et venaient dévaliser les colons romains. Trajan bâtit sur le Danube le magnifique pont dont on voit les restes à Orsowa, il battit les Daces, s'installa dans leur pays et s'y fortifia. Les descendants de Trajan forment un peuple de dix millions d'âmes, dont près de cinq seulement sont constitués en nationalité politique. Ashur savait tout cela beaucoup mieux que nous, il savait aussi que les peuplades venues du Volga, les Volgarètes ou Bulgares actuels ont donné lieu à des dissertations scientifiques fort remarquables. Le *Bushing-Magasin* prétend d'après Ibn Fossan, écrivain arabe, que les Bulgares venaient de Bagdad et qu'ils sont nés d'un mélange de Turcs et de Slaves.

En 988 le prince Vladimir, au dire du voyageur Rubruquis, fit venir tous les pontifes et ceux des Bulgares plaidèrent pour le Coran. C'étaient là autant de choses dignes de fixer l'attention d'un journaliste anglais, sérieux, et décidé à traiter de main de maître une question aussi intéressante. Le *London-Advertiser* verrait sans doute augmenter d'une façon sensible son tirage habituel, et le *Maritim-Club* pourrait se féliciter de posséder dans son sein un membre aussi éminent.

Installé à Bukarest, 44° 27 de latitude, 23° 48 de longitude, 14° au-dessous de zéro, Ashur commença par trouver la nature bien marâtre, pour avoir doté *la ville des délices* d'un climat aussi rigoureux. Impossible de parcourir le pays, caché sous un pied de neige, impossible de courir les rues en quête d'observations, en raison des amas de boue et des fondrières dans lesquelles on disparaît jusqu'au genou. Ashur s'enferma à l'*Hôtel Dacia*, il commença ses travaux, et pensa à faire enfin usage des lettres de recommandation dont ses poches étaient pleines. Il tourna et retourna toutes ces lettres d'un air de défiance, ce qui prouve qu'il était un sage, attendu que neuf sur dix fois, on ennuie la personne à laquelle on est recommandé, et une fois sur dix la personne à laquelle on vous a recommandé. Quelle servitude ! « Vous n'avez pas vu tel ou tel monument ? Vous ne pouvez cependant partir sans lui rendre visite. Comment vous ne restez ici qu'un mois ? Mais il faudrait six mois pour connaître notre ville ! Et quantité d'autres exclamations du même genre, qui vous poussent à envoyer mentalement à tous les diables les personnes auxquelles vous êtes recommandé et la personne qui vous a recommandé. » Entre toutes les lettres, Ashur en avisa une, adressée au professeur Müller du lycée national. Voyons ce professeur ! il y a toujours quelque chose de bon à tirer de leur conversation. Cette réflexion toute anglaise faite, Ashur appela un *birjar* et se fit conduire rue Mogosoï où il trouva l'aimable professeur Müller. A première vue, on se comprit, le professeur était un homme distingué, ayant fait ses études à Vienne et Paris, parlant français, anglais, s'occupant de philologie, d'archéologie et d'ethnologie. Il invita le jeune journaliste à dîner pour le samedi suivant et on se quitta, ce dernier enchanté d'avoir mis la main sur un homme à ressources, ce dont allait profiter le *London-Advertiser*.

Le samedi suivant à l'heure dite, Ashur escaladait le premier étage et s'annonçait. Le salon du professeur était occupé par diverses personnes, un ingénieur allemand employé aux travaux de la voie ferrée des Karpathes, un ex-ministre roumain, victime d'une des innombrables crises ministérielles et nationales, un avocat de la Moldavie, quelques dames fort belles, minaudant dans leur toilette tapageuse, rappelant cent fois que les Roumains sont des latins perdus dans les plaines du Danube, et que les Roumaines sont les Françaises de l'Orient. Et peu après parut une jeune personne, portant le costume national roumain avec une grosse chaîne de ducats d'or passés dans un fil d'argent et servant de collier. Quoique peu disposé aux aventures galantes, Ashur avait appris que toutes les femmes qui portent ce collier, sont des partis roulants, portant leur dot au cou. Une fois mariée, la jeune Roumaine remet le collier à son époux et celui-ci se charge du placement. Ce renseignement est du reste nécessaire pour expliquer la circulation dans les pays danubiens d'une quantité de pièces d'or percées dans le haut. Le docteur Müller voulut bien présenter mademoiselle Mirka, sa fille d'adoption. Sa fille d'adoption! pensa Ashur, voilà qui est curieux, et sans le vouloir il se prit à songer aux moyens d'avoir des explications plus claires. A table, Ashur fut placé entre l'ingénieur allemand et l'ex-ministre, en face de lui, sa femme, plus haut mademoiselle Mirka, la fille adoptive, dont les ducats chatôyaient sur les épaules brunes. Le jeu de la lumière donnait à la physionomie de la jeune fille quelque chose d'extraordinaire, elle avait des traits réguliers, mais une expression presque sauvage, ses cheveux noirs relevés et retenus par une grosse épingle d'argent étaient d'une abondance plantureuse dénotant le sang du sud. Quand après le dîner, la jeune fille entonna une chanson étrange, espèce de roucoulement guttural, l'accompagnant sur une mandoline de forme bizarre, Ashur était fasciné, presque épouvanté. Son voisin l'ex-ministre s'aperçut de l'étonnement du jeune Anglais, il le poussa légèrement du bras. Allons, monsieur! encore un verre de ce vin des Karpathes, doré comme les épis en juillet, il n'est pas exquis, mais c'est un vin national, nous l'aimons à cause de cela. Ashur, pour répondre à l'aimable ex-ministre, but un grand verre du vin d'or, et sa tête britannique commença à travailler. Son voisin le tira d'embarras. Vous vous étonnez sans doute, lui dit-il à voix basse, de ce que vous voyez et surtout de ce que vous entendez, cela mérite en effet l'attention et la curiosité. Mademoiselle Mirka est une bizarre jeune fille, élevée comme une plante sauvage dans une serre, malgré tout ce qu'on peut faire pour son éducation, le naturel reprend le dessus, et ma foi! on s'en aperçoit. Comment donc? Hé oui! L'histoire est incroyable, elle ferait l'objet d'un roman, et cependant elle est absolument vraie, mais je vous conterai cela dans ce petit salon, où nous allons fumer une cigarette, et prenant par le bras l'Anglais ébahi, il le conduisit dans une petite bibliothèque où le café à la turque attendait les invités masculins. Vous avez vu votre voisin de gauche, cet ingénieur allemand, grave et méthodique, il est amoureux fou de la jeune Tzigane, il en oublie son tracé et la compagnie, et si les travaux n'étaient pas arrêtés faute d'argent, je crois qu'on serait obligé de le remplacer. Comment dites-vous, la fille adoptive du professeur Müller est une Tzigane! Absolument Tzigane, fille des gens d'une de ces tribus qui adorent le soleil, raccommodent les chaudrons et disent la bonne aventure.

Il y a environ quatorze ans qu'il arriva du Caucase dans nos contrées du Danube, de véritables colonies de Circassiens. Ces gens reçurent des terres, et ils s'installèrent dans le pays comme de véritables maitres. C'est un peuple fier, presque sauvage et qui veut dominer. Partout où ces gens s'implantèrent il y eut des excès, ils pillaient la propriété d'un chrétien, ils tuaient et volaient sans que la Sublime Porte songeât à punir les pillards et les assassins.

Dans une soirée d'hiver, toute une tribu de Tatars, de Tziganes et de Bulgares avait fui le village ; le Danube, pris de glace, avait été passé et ces gens campaient presque morts de froid et de misère sur la rive roumaine. A Bukarest on se prit de pitié pour ces pauvres émigrés et on leur vint en aide ; le docteur Müller s'était mis en tête d'étudier ces gens de prés, il partit au gros de l'hiver et nous revint avec la petite fille, qui est aujourd'hui une demi-demoiselle. Alors elle était en guenilles, presque farouche, elle ressemblait à ces petits oiseaux de proie égarés qui veulent blesser de leur faible bec, la main qui leur donne la nourriture. Pendant longtemps il fallut beaucoup de précautions pour apprivoiser la petite sauvage, elle regardait toujours dans l'espace, prête à s'échapper, et quand on lui demandait où elle irait, elle montrait la direction du soleil levant.

Belle comme vous le voyez, choyée, adorée, par le professeur, je suis persuadé qu'aujourd'hui encore, elle troquerait sa belle toilette, les ducats d'or de son cou, et l'intérieur luxueux de son père d'adoption, pour trottiner après la tribu des Tziganes, pour courir les campagnes pieds nus et dire la bonne aventure, aux paysans des bords du Danube. Ashur tombait littéralement de toute sa hauteur, sa tête s’embrouillait, ses idées devenaient toujours moins claires, lui, le rédacteur du *London-Advertiser*, apôtre des théories darviniennes, à propos de la disposition de tous les êtres de se plier aux conditions du milieu, dans lequel ils vivent. En ce moment, Mirka terminait une sorte de refrain non moins bizarre que la première de ses chansonnettes, c’était une litanelle moldave.

La Tzigane aux cheveux noirs
N’aimait pas le pacha
la la la!!!

L’ingénieur allemand paraissait absorbé dans une contemplation muette et il y avait de quoi, car involontairement en voyant cette fille des tribus nomades du Danube, plus d’un convive pensait à ces tentes sordides, autour desquelles courent des enfants nus, noirs et sales à faire peur. Et loin de nuire à celle qui était l’objet de ces réflexions, ces pensées entouraient sa petite personne d’une vraie auréole de charme.

.   .   .   .   , ...

Le lendemain, Ashur Down se réveilla, la tête tout à fait embrouillée, il avait rêvé toute la nuit, Tziganes, Bohémiens et tribus, il secoua ces souvenirs par des résolutions énergiques, il projeta départ instantané, distraction par le travail, et un tas d’autres dispositions que prennent les gens qui sentent qu’un péril les menace. Il écrivit coup sur coup quatre ou cinq billets, pour excuser son départ, puis il les déchira l'un après l'autre. Vers 3 heures, il se rendait rue Mogosoï pour faire sa visite, non sans hésiter un instant, puis comme un homme qui prend une détermination pouvant avoir une grande importance sur sa vie, il sonna et on le fit entrer. Le docteur Müller était absent, mais sa fille adoptive était là, occupée autour d'une grande boîte au fond de laquelle étaient alignés comme des soldats en parade, des quantités d'insectes plantés au bout de hautes épingles, Tous ces scarabées placés en rang, selon leur grosseur, avaient dû être de leur vivant de bien beaux coléoptères. Après avoir échangé quelques mots de politesse, avec le savant anglais, la jeune fille commença rapidement à parler de ses compatriotes les insectes du Danube. « Voyez, disait-elle, ce gros scarabée brun avec sa trompe, il n'y en a pas un de si beau dans tous les musées d'Europe. Il vient des bords du fleuve, on le trouve en juillet seulement, il est très rare, et de plus il se défend comme un beau diable quand on veut le prendre, il pince et fait des blessures très-douloureuses. Pour tuer celui-ci, il a fallu vraiment du courage, pendant une heure il s'est débattu dans l'essence. Les autres sont aussi de là-bas, éclos dans la vase, dès que les eaux se retirent; voilà les lucioles qui voltigent dans les îles du fleuve, ceux-là sont des cantharides et des térébions, de vrais sujets orientaux. » En ce moment, le docteur Müller rentrait. « Ah! je vous y prends, criait-il à haute voix, marchande d'insectes ! et se tournant vers l'Anglais. Cette fille, voyez-vous, est vraiment une enfant de la nature, et je ne vous étonnerai pas en vous disant qu'elle est meilleur chasseur que nos jeunes officiers de la garnison de Bukarest. Tenez, si vous le permettez, nous allons organiser une chasse au loup, Mirka n'aura garde de me contredire ! » Ashur Down, qui venait presque pour prendre congé, se sentit décidément pris au piège. « Mais je pense qu'il serait temps.... Quoi ! dit le professeur, vous n'entendez pas ne vous occuper que de nos villes, c'est en campagne qu'il faut apprendre à connaître notre population, et c'est là que vous aurez lieu d'observer. »

Huit jours après, une nombreuse société armée en chasse quittait la capitale de la principauté. L'ingénieur allemand était de la partie, plusieurs autres jeunes gens avaient voulu s'y joindre, Mirka chaussée de bottes, au costume serré, paraissait bien décidée à tenir tête aux chasseurs. Ashur, en sa qualité d'observateur et d'ethnologue, n'avait pas d'armes, et du reste quel gibier allait-on chasser !

Des traineaux aux rapides coursiers emportèrent nos chasseurs au pied de la montagne, et là dans un village valaque, toutes les dispositions furent prises pour la chasse. Le soir même un robuste gaillard, dressé pour la chasse, se présentait, et après un court entretien, il donnait de telles preuves de son savoir, que tous les chiens du village se mirent à hurler. Il imitait à s'y méprendre le cri rauque et sauvage du loup. Vous verrez, dit le professeur, avec un gaillard comme celui-là, nous aurons la chance de convoquer autour de nous, tous les loups des Karpathes. Le village, dans lequel la société était venue établir son quartier général, était un grand bourg situé sur les versants des Karpathes, les maisons couvertes de chaume entourées de claies de bois tressé, avaient toutes un petit clos. En été ce doit être bien gai, mais l'hiver est rude en ces contrées, et la neige couvrait tout le pays. On s'installa dans un de ces Khan orientaux ouverts à tout venant, un grand feu fut allumé et on se prépara à la guerre aux loups. En ce moment l'hôte vint parler à ses convives d'une tribu de Tziganes qui s'était établie dans le village. Gens, chevaux, ours, chiens, tout ce monde est du plus pittoresque effet, les femmes vont et viennent, les enfants bravent le froid et la neige, c'est un vrai spectacle à voir de près. Mirka était pensive, elle ne parla que peu, et à la fin de la soirée, prenant le jeune anglais par le bras, elle le pria de la conduire dans le village. Peu après l'un et l'autre arrivaient au camp des bohémiens, le feu flambait devant la tente, hommes et femmes accroupis sur le sol fumaient mélancoliquement leur petite pipe. Tous se levèrent quand les deux visiteurs s'approchèrent, une conversation rapide dans un langage étrange s'engagea, les femmes surtout regardaient avec curiosité et intérêt leur jeune congénère, ce fut pendant une heure un colloque animé, mais inintelligible pour le jeune Anglais. Rentrons au Khan, dit la jeune fille, et appuyée au bras de son cavalier, elle rentra pensive au campement et pendant toute la soirée, elle parut distraite et soucieuse. Le lendemain, la chasse commençait, un soleil éclatant faisait scintiller à perte de vue les milliers de cristaux de la neige, la lumière aveuglait. La société s'engagea dans les côteaux qui s'étagent aux pieds des Karpathes, tout est sauvage et désert en ces contrées lointaines, bientôt on entrait dans les bois qui garnissent le versant de la montagne, jamais touriste de l'Occident ne marqua son pied en ces parages. Le moment de chasser était venu, le paysan valaque disposa tout le monde, l'ingénieur allemand ayant une arme à feu, fut placé à un poste, et à Ashur dévolut la faveur de partager le poste d'honneur avec la jeune Tzigane. Et maintenant qu'on ne bouge plus, dit le paysan hurleur, qui grimpant lestement sur les premières branches d'un arbre, commença son appel. Dans le silence du bois, cette voix était vraiment effrayante, elle semblait défier tous les fauves des forêts, tantôt glapissante, tantôt grondante; la jeune fille instinctivement se rapprocha de son protecteur : « J'ai chassé ainsi bien souvent, dit-elle, mais aujourd'hui j'ai peur, dit-elle à voix basse, tenez, écoutez, et elle serra violemment le bras du jeune homme. » A l'appel de l'homme, des bruits répondaient, ils semblaient partir du fond des bois s'éloigner et se rapprocher, évidemment les loups sentaient dans l'air la présence d'un ennemi. Le hurleur continuait son appel lugubre, les loups fascinés, approchaient lentement, il y en avait deux, trois, quatre même, qui flairaient le sol, levaient le nez et avançaient pas à pas. Peu après, ils étaient dans la clairière s'approchant de la lisière du bois, et de l'arbre d'où partaient les cris. La jeune Tzigane, sans mot dire, glissa doucement son fusil au jeune Anglais, lui faisant signe de s'en servir, quand les loups arriveraient à portée. Ashur, visa lentement, et comme Mirka lui disait « tirez », le coup partit, trois loups fuyaient à travers la clairière, quatre coups de fusil partirent encore, mais aucun d'eux ne fut touché, le quatrième se roulait dans la neige. Et les chasseurs sortaient de leurs cachettes, bravo Mirka ! criait le professeur, voilà un beau tapis de pied...... pour monsieur, dit Mirka. Le valaque avait sauté à bas de son perchoir, sortant de sa ceinture une corde solide, il lia le museau de la bête qui se débattait, et par une vigoureuse secousse donnée à un nœud coulant il étranglait le blessé. La balle avait touché juste. Le brave professeur enchanté de la journée plaisantait les maladroits chasseurs, l'ingénieur surtout était furieux. — On se remit en route, le valaque chargea le loup sur ses épaules et le soir on rentrait au village dont la population était accourue pour voir le trophée. Quand la petite troupe passa devant l'endroit, on se trouvait le ma-

tin, le camp des bohémiens, la jeune Tzigane tres-
saillit, tentes, chars, chevaux, chiens, ours et gens,
tout avait disparu, la tribu vagabonde était partie.

. . . .

Peu de jours après, Ashur Down était accoudé à
sa table de travail, il aurait voulu se mettre à l'œuvre et jeter au moins les bases de son grand travail
sur l'origine des races des pays orientaux, mais sa
tête était pleine de toute autre chose, impossible de
donner une suite à ses idées, à peine l'une d'elles
prenait-elle une forme, qu'un souvenir comme un
éclair en venait arrêter le cours, tantôt c'était la
chanson du pacha, tantôt la physionomie bizarre de
la bohémienne qui passait à travers son cerveau sur-
excité. Le jeune homme était vaincu, il n'avait pas
eu le courage de fuir, et il avait à supporter toutes
les conséquences de sa faiblesse. En ce moment, un
coup sec fut frappé à la porte, puis deux jeunes gens
entrèrent, tous deux s'excusèrent tout d'abord, au
sujet de l'étrangeté de leur visite, mais ils ne pouvaient se soustraire à une mission délicate en faveur
d'un de leurs compatriotes. Ashur étonné put bientôt
comprendre, l'ingénieur allemand, offensé des sar-
casmes dont il se disait la victime, à propos de
chasse, faisait savoir au rédacteur du *London-
Advertiser*, qu'il le supposait moins adroit à tirer
sur un homme que sur un loup. Ashur Down, quoique étourdi par cette communication, n'en laissa
rien paraître, il accepta cette provocation, comme

un fait oriental, et en fataliste il se résigna, pensant que c'était écrit.

Trois jours après, tous les journaux de Bukarest racontaient un fait divers des plus rares, mais qui était bien significatif, au moment surtout où la question d'Orient prenait une tournure décisive. Un journaliste anglais et un ingénieur allemand s'étaient pris de querelle à propos de politique, un duel s'en était suivi et l'Anglais avait été grièvement blessé. On avait ramené le blessé à son hôtel, mais un de ses amis, le docteur M....., l'avait installé chez lui, où il était l'objet des soins les plus assidus. La seconde partie du fait divers était vraie, en apprenant cette malheureuse affaire, le docteur Müller n'avait fait qu'un saut de son domicile à l'hôtel, et il avait enlevé son jeune recommandé de l'hôtel Dacia. Ashur Down, blessé à l'épaule, était installé dans le cabinet du docteur, pendant plusieurs jours, on ne pénétrait jusqu'à lui que sur la pointe des pieds, mais la blessure plus douloureuse que grave, cédait rapidement aux soins empressés qui lui étaient prodigués. Mademoiselle Mirka avait même sollicité du docteur la permission de s'aider à la convalescence, et dès le jour où elle prodigua ses soins au blessé, celui-ci sentit ses forces revenir rapidement. Peu à peu on parla, tout d'abord, on évita de s'entretenir des causes de cette singulière aventure, puis on devint plus confiant. Un soir, le docteur entra chez son malade, il faut, dit-il, que je vous raconte une chose bien singulière. Imaginez-vous que peu de jours avant votre aventure, Mirka m'a tout simplement annoncé de la façon la plus positive, qu'elle comptait étant majeure, profiter des lois roumaines et reprendre sa liberté, elle voulait me rendre ses parures, ses brillants costumes nationaux et courir après sa tribu, qu'elle se chargeait de retrouver, la vie civilisée ne lui allait plus, elle soupirait après son existence d'autrefois, son rang dans la tribu des Tziganes. Je tombais de mon haut, et la suppliai de renoncer à un projet aussi bizarre, qu'inattendu. Rien n'y fit, et je dus la prier de m'accorder au moins quelques semaines que je comptais mettre à profit pour combattre une aussi bizarre révolution. Depuis votre accident, elle a peut-être changé d'opinion, car elle évite de me rappeler sa résolution, elle en semble même peinée, et je suis un peu rassuré, car je me suis attaché à cette enfant et je ferai tout pour l'empêcher de retourner à sa vie primitive, dont le souvenir n'a, parait-il, pas été entièrement étouffé par l'éducation. En ce moment, la jeune fille frappait discrètement à la porte, elle apportait les journaux du courrier, dont elle faisait chaque jour la lecture. Ashur était à cent lieues de Londres, de la Tamise et des bureaux du *London-Advertiser*. Quand la lecture fut terminée, il tendit sa main à la jeune fille, celle-ci étonnée, lui donna la sienne. « Voulez-vous faire mon bonheur, Mirka ? » Elle serra sa main. « Voulez-vous être reine d'une tribu anglaise ? »

Elle serra encore sa main, sans rien répondre. Soit, j'en parlerai à notre ami le docteur. Elle pressa encore la main du patient, puis elle s'échappa sur la pointe des pieds sans se retourner.

Ashur Down est rentré à Londres, il a amené avec lui, non pas des documents de nature à éclairer les savants sur l'origine des Daces, des Roumains, des Volgarètes, ou autres peuples qui se disputent l'empire d'Orient, mais il a ramené sa femme, qui s'est parfaitement accommodée de la vie civilisée. Un peu d'amour a fait plus que tous les professeurs de Bukarest. Quant au *London-Advertiser*, il attend encore les articles à sensation de son rédacteur, il est vrai que le docteur Müller a promis d'aller rendre visite à ses deux pigeons-voyageurs, et d'apporter les documents nécessaires. Il écrit quelquefois, le départ de sa fille le peine, mais entre deux maux, il a choisi le moindre, il préfère savoir sa fille mariée à un Anglais, que l'épouse d'un chef de tribu, raccommodant les casserolles. A. M.

CHANT DE L'HOMME COURAGEUX. (*)

Le chant pour l'homme brave aux cieux doit s'élever :
Ainsi le son de l'orgue aide à nous relever
Comme les doux accords de la cloche argentine ;
Car, pour tout vaillant homme, à l'humeur héroïne,
Dont on pourra vanter le courage et la foi
Qui le feront sortir de l'égoïste loi,
Ce ne peut être l'or qui soit sa récompense :
Mais ici, par mes vers, je dirai sa vaillance !

Le vent soufflait du Sud en venant de la mer :
Il poussait devant lui la nue d'outre-mer ;
Les nuages couraient devant sa véhémence
Comme un troupeau paissant fuit la sombre puissance
De ces loups affamés, altérés de son sang.
Tout cédait à l'effort du furieux élément :
Il balayait les champs, il brisait les grands arbres ;
Les rivières, les lacs, durcis comme des marbres,
Eclataient en glaçons ; la neige se fondait,
Puis, partout à la fois, d'une eau grise inondait.

Bientôt, de toutes parts, le long de la vallée,
Où des prés verdoyants bordent la vaste allée,
Le grand fleuve central grossit vite et s'étend,
Car son onde agitée au dehors se répand.

(*) Imité de Bürger.

Elle transporte aussi des montagnes de glace
Qui roulent de plus haut en obstruant l'espace.
Un pont massif et sûr, construit avec du roc,
Allant d'un bord à l'autre, élevé d'un seul bloc,
Porte, vers son milieu, la frêle maisonnette
Du digne péager, de sa femme brunette
Et de leur cher enfant, aux grands yeux doux et bleus :
« Péager ! péager ! sauve-toi si tu peux ! »

— Hélas ! autour de lui, la tempête déchaine
En sourds frémissements sa force souveraine ;
Les ondes en courroux, contre cette maison
Se croisent en fureur, en font une prison.
Le pauvre homme parvient, malgré ce grand orage,
A monter sur le toit : il aperçoit la plage ;
Son regard effrayé s'obscurcit de terreur,
Car son isolement ne trouve aucun sauveur.

— « Juste ciel ! Prends pitié ! Quelle affreuse détresse !
« Donne-moi du secours ! mon Dieu ! dans ta sagesse ! » —

Mais les glaçons mouvants, en linceuls monstrueux,
S'avancent coup sur coup vers l'homme malheureux.
De tous côtés il voit l'onde dévastatrice
Avec rage attaquer la voûte protectrice.
Les piles céderont jusqu'en leur fondement :
Il ne restera rien de tout le bâtiment !
« O pauvre péager ! pauvre enfant ! pauvre femme !
« Qu'allez-vous devenir ? le trépas vous réclame ! »

Dans un frisson mortel, ils cherchent du secours ;
Mais le dévastateur continue son cours,
Faisant trembler les murs, les poussant vers l'abîme
Où pâle de terreur, va tomber la victime :
Contre nos prisonniers le flot marche à grands pas :
Une pile, puis deux, ne croulent-elles pas ?

— « Que le ciel ait pitié ! car, à notre détresse,
« Nous ne voyons persone, hélas ! qui s'intéresse ! » —

Ainsi le péager supplie avec ardeur,
Tandis que, sur la rive, en voyant sa douleur,
S'entasse, avec effroi, la foule haletante
Qui suit de ses regards la scène palpitante.
Mais tout s'arrête là : car aucun spectateur
Ne se déclare prêt à devenir acteur
En faisant un essai, pour retirer de l'onde
Ces trois infortunés près de quitter ce monde !

Quand pourrai-je chanter cet homme courageux
Dont l'héroïsme soit vraiment impétueux ?
Quel nom retentira ? quel est l'être sublime
Qui risquera ses jours pour la triple victime ?
En cris désespérés le malheureux se perd :
Son destin va finir dans le gouffre entr'ouvert.

Sur un brillant coursier, en un galop rapide,
Un noble comte arrive : il prend sous son égide
L'infortune qui lutte en vain contre la mort.
Ah ! son âme s'émeut de ce sinistre sort !
Il élève, en sa droite, une bourse d'or pleine :

— « Je donnerai, » dit-il, « pour ses dangers, sa peine,
« Ces deux cents pièces d'or que voilà dans ma main,
« A l'homme dévoué, dont l'héroïsme humain
« De ces trois malheureux fera le sauvetage ! »

Offrir ainsi l'argent, est-ce avoir du courage ?
Quel est le brave, ici ? celui qui donne l'or,
Ou celui qui, luttant, ose affronter la mort ?
Certes, le prix du comte est tout-à-fait splendide :
Mais je cherche des yeux un héros intrépide ;
S'il tarde à se montrer, ah ! ce sera trop tard ;

Un cas aussi pressant n'admet point de retard.
Or, la vague écumante, en rage, se soulève,
Et le vent déchainé, de plus en plus se lève :
A chaque instant l'on voit, autour du péager,
Des débris disparaître augmentant le danger.
« Sauveur ! montre-toi donc ! sinon, voici le gouffre
« Où des infortunés l'existence s'engouffre ! »

— « Courage ! allons ! allons ! » dit l'homme généreux
En faisant voir encor le prix du courageux.
Des milliers d'assistants entendent sa parole.....
Mais personne ne vient et chacun se désole !
Le péager, sa femme et son tout jeune enfant
Luttent seuls, par leurs cris, contre l'effort du vent.

En cet instant s'avance, à travers la campagne,
Un pauvre paysan du pied de la montagne :
Simple est son vêtement, candide est son aspect ;
Il inspire à la fois confiance et respect,
Il s'arrête en voyant cette lugubre scène,
Il écoute le conte et voit la bourse pleine ;
Un instant il regarde : ô moment décisif !
Puis, en brave, il s'élance en un léger esquif.
Il rame avec vigueur ; il franchit cet espace
Où l'humide élément est encombré de glace.
Il atteint la maison, il aborde au tilleul.....
Mais, hélas ! le canot ne peut prendre qu'un seul !
— ..... Rien n'arrête celui dont la haute stature
Semble vouloir dompter l'effort de la nature :
Trois fois, il bravera la tourmente en fureur,
Et parviendra trois fois à faire le croiseur.....
— Or, à peine arrivé de son dernier voyage
Touchait-il sain et sauf au bienheureux rivage,
Que d'affreux craquements au loin retentissaient.....
Car les derniers débris du pont disparaissaient.

— O mes vers ! ô mon chant ! quel est ici le brave ?
N'est-ce donc pas celui qui la tempête brave,
Affronte, lui tout seul, une imminente mort
Et n'est las de lutter qu'en arrivant au port,
Après avoir fini son œuvre surhumaine
Et laissé son exemple à la nature humaine ?

— « Eh bien ! » dira quelqu'un, « il l'a fait pour de l'or ;
« Car, sans Monsieur le comte, eût-il tenté le sort ? »

— Attendez donc la fin : l'homme riche s'approche :
Il tend au plébéien, duquel il se rapproche,
Le montant de la prime échue à son ardeur.
Mais le bon campagnard, dévoué par son cœur,
Parle au noble, — étonné de sa mâle parole,
Alors qu'il avait cru monter au capitole,
Etant persuadé que le premier agent
D'une bonne action, ce n'était que l'argent : —

— « Ma vie et mon honneur ne sont point marchandise
« Dont un riche client puisse, selon sa guise,
« Disposer en faveur de quelque malheureux
« Et se montrer ainsi doublement généreux !
« A ces trois péagers, donnez donc cette somme :
« Pour vivre j'ai de quoi, sans être gentilhomme ! »

— Là-dessus, sans tarder, son bâton à la main,
Comme s'il n'eût rien fait, il reprend son chemin.

O paysan ! c'est toi que ma muse célèbre :
Ton courage en est digne et je le rends célèbre ;
Je veux dire à chacun ton acte audacieux,
Car il faut que ton nom soit porté jusqu'aux cieux !

Louis Sené,
Professeur au Gymnase de Genève.

SUR LES BORDS DU DANUBE.

J'étais sur les bords du vieux fleuve, que d'aucuns prétendent bleu, mais que je n'ai vu que très jaune, presque bilieux, roulant à grands flots ses ondes poissonneuses. Sur la rive gauche galoppaient les Cosaques, les corps d'armée s'avançaient aux points désignés pour opérer leur passage, et les Turcs alors aux abois surveillaient l'immense étendue de cours du fleuve depuis Widdin à la mer Noire. Le Danube forme dans son cours une quantité d'îles, boisées, qui grandissent vers le milieu de l'été, lors de la décroissance des eaux. C'est dans ces îles que s'établissaient les avant-postes des armées, dans ces îles marécageuses pleines de serpents, et d'insectes, qui éclos de la vase noire du fleuve par essaims innombrables, viennent tourmenter bêtes et gens. Souvent montant un caïque turc, nous avons avec quelque officier visité les postes de surveillance échelonnés dans le cours du fleuve. Le soldat turc s'accommodait tant bien que mal, tantôt dans l'eau, tantôt sur quelque tronc sortant de l'eau.

Fusil apprêté, il regarde devant lui, vers la rive ennemie, il est immobile prêt à faire feu, sur tout objet suspect. Le soir vers 7 heures, des barques glissent sur les flots, on vient relever le factionnaire qui rentre à son corps après avoir passé 24 heures, isolé au milieu des eaux qui l'empêcheraient de fuir s'il était attaqué. Il pourrait mourir, c'est vrai, mais il aurait le temps de tirer et de signaler l'arrivée du *Moscow*, son ennemi traditionnel. En quittant ce monde, il ira au paradis de Mahomet ou dix houris, belles comme l'astre du jour l'attendent au pied des montagnes de pilaf. (*) Pendant que sur la rive gauche du vieux Danube chevauchent les Cosaques, des milliers de cavaliers circassiens galoppent sur les plateaux bulgares, attendant l'heure de se mesurer avec leur ennemi mortel, cet ennemi qui a fait prisonnier Schamyl, qui a expulsé de leur patrie caucassienne ces milliers et milliers de familles qui sont venues résider en Europe.

Le cavalier circassien est un guerrier redoutable, bravant la mort avec une intrepidité admirable. Il ne sait combattre qu'à cheval, il ne connaît d'autre allure que le triple galop, il ne reconnaît d'autre loi de la guerre que celle de donner ou de recevoir la mort. Nous avons rencontré sur notre route, près de Nikopolis, des cavaliers circassiens d'origine française.

(*) Riz préparé.

Ils n'avaient gardé de leurs ancêtres que leurs
noms, ils avaient absolument contracté toutes les
habitudes circassiennes. Je n'oublierai jamais la réponse que me fit un cheik à barbe grisonnante.
« Vous êtes français d'origine, pourquoi ne rentreriez-
vous pas en France! » Le vieux cheik hocha la tête
à la mode orientale, puis plaçant son doigt devant
sa bouche, il nous dit, « jock! jock! » (non pas). En
France on me couperait la tête. L'intelligence du
monde, manquait à cet homme, habitué à donner la
mort à l'ennemi, il ne concevait pas un pays chrétien où il ne serait pas exposé à être mis à mort.

Avant le passage des Russes, l'espérance se lisait sur tous les traits des Bulgares, ils pensaient à leur émancipation prochaine, ils tressaillaient de joie. — Aujourd'hui la déception est amère, les pauvres Volgarétes, venus du Volga, sont exposés à toutes les représailles. J'ai pu mainte fois tracer sur le papier, ces types étranges de gens perdu au milieu des Osmanlis, leurs longs cheveux qu'ils laissent pousser pour se distinguer des Turcs, leur bonnet fourré leur donne une physionomie toute particulière. —

Et au milieu de ces types, Turcs, Asiatiques, Roumains, Valaques et Bulgares, on rencontre sur les bords du Danube bleu, cette grande famille des Tziganes, gens dont les essains se retrouvent par colonies membreuses, dans la Triana de Séville, à Grenade et même au Maroc. Mais là sur les bords du Danube ils sont bien chez eux, ils campent, hommes, femmes, enfants, chevaux, buffles et chiens, sur ces hauts côteaux de la Bulgarie, musulmans à moitié, ils ne sont pas autant exposés que les chrétiens, les femmes disent la bonne aventure, suivent les camps et tout ce monde vit insouciant du lendemain, inconscient des choses de ce monde, absolument comme leurs ancêtres vivaient dejà il y a des siècles.

A. M.

AU CLAIR DE LA LUNE.

SONNET.

(A une demoiselle qui me demanda un sonnet.)

Un sonnet, plus facile à désirer qu'à faire,
Demande de tels soins qu'il me rend tout peureux;
Cependant, belle enfant, puisque c'est pour vous plaire,
J'entreprends aujourd'hui ce travail rigoureux.

Dans mon labeur nocturne un doux astre m'éclaire:
C'est la lune, qu'on dit soleil des amoureux!
Et tandis que je rime, il est plus d'une paire
Sous son pâle flambeau qui se trouvent heureux.

Deux quatrains de trouvés pour vous, mademoiselle,
Encouragent déjà le rimeur dans son zèle;
Votre image en son cœur le favorise aussi.

Mais Phébé s'est cachée et le plus beau poëme,
On le compose alors qu'on est deux et quand on s'aime!
Dormons: j'aurais demain mon sonnet réussi.

Delémont.
Jos. Rais.

TROP DE ZÈLE.

LE PEINTRE.

Le peintre voyageait à pied. Ce n'était pas un de ces personnages à longue barbe et à cheveux désordonnés. Il y a longtemps que *Cabrion* s'est fait rentier. Depuis que *Cabrion* ne peint plus, l'espèce *rapin* tend à disparaître complètement derrière les nuages tabagiques des brasseries où l'on fait de l'esthétique à quinze centimes la chope.

Donc le peintre était un homme comme tout le monde, à cette différence près qu'il portait un gros sac sur le dos, un large chapeau sur la tête, un bâton à la main, une pipe au dents, de longues guêtres aux jambes. Sur le sac on voyait se dresser une foule d'objets bizarres, dans la pipe il devait y avoir du tabac et sous le chapeau du peintre, M. Gall aurait découvert des projets lumineux. Hélas ! pourquoi M. Gall a-t-il quitté notre vallée de larmes ?

TITYRE ET MÉLIBÉE.

L'œil bleu du peintre s'arrêta sur une délicieuse vallée. Un ruisseau, long fil d'argent, de la verdure. des maisons lointaines noyées dans une brume vaporeuse et, dans ce milieu, un paysan qui bêche.

L'artiste, satisfait de cet ensemble, déboucla son sac, s'assit au pied d'un hêtre comme Tityre et contempla longtemps le Mélibée moderne, qui bêchait là-bas. Enfin, il établit son chevalet rustique et se mit à esquisser un coin de paysage.

Mais après une heure de cet exercice, Mélibée daigna prendre un moment de repos. Il s'accouda sur sa bêche et regarda autour de lui. Le peintre fit un mouvement de dépit. « La pose est manquée, s'écria-t-il. Après tout, celle-ci est tout aussi bonne. » Et, effaçant sur la toile l'esquisse du Mélibée bêcheur, il essaya de prendre le profil du Mélibée au repos. Vaine tentative. L'homme s'étant aperçu qu'on s'occupait de lui, voulut faire connaissance avec l'artiste. Et Mélibée se dirigea vers le chêne qui abritait Tityre.

— Ne bougez pas, lui cria ce dernier, ne bougez donc pas ! Mais l'homme était sourd, il avançait, il avançait. Enfin, il s'approcha du peintre, se campa près de lui les mains derrière le dos.

— Pardon, excuse, lui dit-il, qu'est-ce que c'est que ces écritures que vous faites là-dessus, et il promena son doigt sur la toile franchement crayonnée.

— Malheureux ! exclama le peintre, vous détruisez mon esquisse !

— Une *équisse*, moi, une *équisse !* (*) Je ne vous dis pas de sottises, savez-vous.

(*) Dans le patois du Jura bernois, on appelle ainsi un instrument cher aux apothicaires de Molière.

Le peintre était abasourdi et l'homme serrait ses gros poings rudes. O Virgilius Maro, si vous êtes toujours aux Champs-Elysées, vous pourrez conter ces choses à Mécène. Il sera sans doute bien aise d'entendre encore parler de Tityre et de Mélibée!

OU MÉLIBÉE SE RADOUCIT.

— Voyons, reprit le peintre, qui commençait à désespérer de convertir son modèle inconscient, voyons, voulez-vous gagner une bonne journée?

— Hein? fit Mélibée en dressant l'oreille.

— Voulez-vous gagner cinq francs?

Et il lui montra une pièce neuve qui reluisait au soleil. Le paysan tendit sa main droite qui se recourbait au replis tortueux pour saisir la pièce.

Le peintre ramena sa main gauche, qui tenait la pièce vers sa poitrine.

Cette main gauche de l'artiste savait ce que voulait la main droite de l'agriculteur.

Moment critique. D'un côté désir, de l'autre excitation.

Le peintre reprit :

— Donc tu veux gagner cinq francs ?

— Pourquoi pas ? bégaya Mélibée, qui devenait humble en s'entendant tutoyer.

— Eh bien ! viens avec moi.

Et le peintre conduisit l'homme des champs (rien du poême de l'abbé Delille) à la place où l'homme des champs avait laissé sa bêche. Et il le campa dans l'attitude du Mélibée au repos. Et il lui dit :

— Tu resteras là jusqu'au coucher du soleil et tu auras ces cinq francs.

Or, le Mélibée demeura immobile et il lui fut fait ainsi qu'il lui avait été dit.

L'auteur de ce récit a dû prendre le style biblique dans ce chapitre pour raconter ces choses vraiment primitives.

L'ANGE COURONNÉ.

Cependant Phébus Appollon éprouva le besoin de se coucher. Devant les exigences du dieu soleil, le peintre dut courber la tête, refaire et reboucler son sac, puis enfin relever Mélibée de sa faction.

Quand il eut accompli ces différentes opérations, il demanda à son modèle :

— Existe-t-il une maison où l'on puisse manger, boire et dormir dans ce village ? Et son doigt désignait le groupe des chaumes lointains.

— Pardieu oui ! nous avons dix auberges.

— Et combien le village compte-t-il d'habitants ?

— Cinq-cent-cinq, y compris les nouveaux-nés.

— Soit une auberge pour cinquante et un habitants.

— Oui, nous avons dix auberges, reprit le paysan avec orgueil, mais la meilleure de toutes est celle de l'*Ange couronné.*

C'est à l'*Ange couronné* que descendent tous les Messieurs étrangers. Il y est venu des musiciens la semaine dernière. Il y en avait *une* parmi eux : on aurait dit qu'elle avait un merle dans le gosier.

Et voilà pourquoi le peintre soupa d'une soupe au fromage, d'une omelette au lard et d'une tasse de lait à l'*Ange couronné*.

Hélas ! il ne devait pas y dormir.

Si je m'appelais Ponson du Terrail, je mettrais ici : *la suite à l'année prochaine*. Ce serait un moyen d'entretenir l'émotion du lecteur. Mais je ne suis ni Ponson, ni Terrail, voilà pourquoi je continue.

DIGESTION INTERROMPUE.

Le peintre avait fini de souper. Il fumait béatement, les yeux fixés sur une chromolithographie fabriquée en l'honneur de la constitution fédérale aussi révisée que révisible.

Il ne trouvait pas cette chromo magnifique. Mais c'est là une opinion personnelle qu'il ne m'appartient pas de discuter.

Donc le peintre songeait, rêvassait et digérait son omelette au lard.

Mais sa somnolence fut interrompue. Que se passait-il ? Une chose grave.

Six hommes venaient d'entrer dans la salle de l'*Ange couronné*. Ils parurent se concerter en regardant le peintre.

Tout-à-coup l'un d'eux fit à voix basse : « c'est lui. » Les cinq autres reprirent : « c'est bien lui! »

Mais le peintre ne les comprit pas, car ils parlaient patois.

Celui qui avait parlé le premier s'avança, les autres le suivirent.

MONSIEUR LE MAIRE.

— Monsieur, dit-il au peintre, je suis maire de cette commune depuis dimanche dernier. J'ai hâte de prouver à mes administrés qu'ils peuvent compter sur moi. Je viens en compagnie du régent, de l'adjoint, du marguiller, du guet-de-nuit et du taupier, vous demander qui vous autorise à photographier sans ma permission les terres et les gens de ce pays.

— Je ne suis pas photographe, je suis peintre.

— C'est la même chose. Où demeurez-vous ?

— Pour le moment nulle part. Je voyage.

— Vous êtes donc un artiste ambulant !

— Vous l'avez dit.

— Eh bien ! en vertu dé la loi sur le colportage, veuillez m'exhiber votre patente.

Le peintre se mit à rire.

— Mais, mon brave maire et sans aucun doute père de famille, vous vous moquez de moi, je n'ai jamais eu de patente.

— Eh bien ! veuillez suivre l'adjoint et le guet-de-nuit.

Ces deux honorables fonctionnaires s'avancèrent aux côtés du peintre. Le malheureux eut beau protester. M. le maire, fort de sa dignité légale, fit conduire au violon un homme qui ne sait pas que pour exercer une *industrie ambulante*, on doit être muni d'une patente cantonale et du permis de la police locale.

Et voilà pourquoi le peintre partagea d'un peu loin le sort des journalistes d'outre Jura et d'outre Rhin qui couchent sur la paille humide des cachots toutes les fois qu'ils ne sont pas sages.

MONSIEUR LE PRÉFET.

Le lendemain, quand l'aurore aux doigts de rose (qu'Homère n'a jamais vue puisqu'il était aveugle), quand l'aurore etc.... ouvrit les portes du ciel, l'adjoint et le guet-de-nuit conduisirent le peintre au chef-lieu du district, à l'audience du préfet.

Monsieur le préfet porte des lunettes à branches d'or. C'est un homme grave, un fonctionnaire modèle.

Ceux qui conduisaient le peintre parurent avec leur victime devant le magistrat aux lunettes d'or. L'adjoint prit la parole et il exposa la cause dans sa langue nationale. L'orateur champêtre fit remarquer que le peintre exerçait illégalement et sans patente sa profession de photographe. Il insinua même que le délinquant avait payé un naturel pour avoir le droit de reproduire les traits du susdit naturel. C'était là sans doute une charge accablante.

— Qu'avez-vous à répondre ? demanda le préfet au peintre.

— Rien.

— Comment ? Rien.....

— Non, car je n'ai pas compris ce qu'on vient de raconter.

Monsieur le préfet voulut bien alors traduire le patois de son subordonné l'adjoint. Quand l'artiste fut bien édifié sur la méprise dont il était la victime, il s'écria :

— Ainsi, monsieur le préfet, l'on m'assimile à un marchand forain ? Je suis bien aise de savoir que dans votre pachalick il n'est pas permis à un peintre de fixer sur ses toiles des sites qui lui semblent supérieurs aux naturels du pays. J'ai subi les plus indignes et les plus injustes traitements de la part de vos administrés. Mais je protesterai bien haut, je ferai parler et la justice et la presse, je.....

— De grâce, monsieur, calmez-vous, dit le préfet, qui commençait à comprendre. Vous n'avez pas vendu de tableaux, n'est-ce pas ?

— Non.

— Eh bien ! reprit le préfet, en s'adressant à l'adjoint et à son compagnon, allez dire au maire que vous êtes venus ici guidés par sa sottise et que vous en sortez par la force de mon équité.

Il leur montra la porte et ils partirent l'oreille basse, en se disant que tout va bien mal dans un temps où les préfets protègent les artistes forains dépourvus de patente.

Quant au préfet, tout heureux d'avoir parodié Mirabeau, il tendit la main au peintre.

ON S'ENTEND.

— Je pense, monsieur, lui dit-il, que vous ne mettrez pas à exécution les projets dont vous me parliez tout à l'heure.

— Vous vous trompez. Je suis disposé à agir, si une réparation éclatante ne m'est donnée à l'instant.

— Eh bien! je vous en offre une. Vous avez été l'hôte d'une prison de village, vous deviendrez et resterez l'hôte de la préfecture tant qu'il vous plaîra. Ma femme et ma fille aiment beaucoup les arts.

— Diable! cet homme a une fille, se dit le peintre, pourquoi n'accepterais-je pas son offre? Et il reprit à haute voix : Vos conditions m'agréent, cependant je crains de vous gêner et.....

— Pas du tout, interrompit le préfet qui ouvrit une porte et cria : Elise! Elise!

Une fort jolie demoiselle apparut et rougit un peu à la vue du peintre.

— Elise, mon enfant, dis à ta mère de mettre un couvert de plus et de préparer la chambre bleue pour monsieur.

CONCLUSION.

Un mois après, on publiait le prochain mariage du peintre et de mademoiselle Elise. Aujourd'hui ils sont l'un à l'autre. Je ne dirai pas au lecteur s'ils ont eu beaucoup d'enfants, car je n'en sais rien.

MORALE.

Il faut que les lois soient claires quand les intelligences ne le sont pas.

ROBERT CAZE.

LE BUTOR ET LES FOURMIS.

FABLE.

Sur les bords d'une fourmilière,
Fixant ses gros yeux endormis,
Le butor suivait des fourmis
Qui trottinaient dans la poussière.

Quelle fiévreuse activité!
Point d'insecte qui ne butine!
On creuse, on comble, on scie, on mine:
Tout grain mangeable est emporté!

Une fourmi prend un fardeau
Sans nul rapport avec sa taille,
L'autre, courbant un brin de paille,
S'en fait un pont sur un ruisseau.

Ce petit peuple est en démence!
Dit à la fin le paresseux.
Sans se donner ce mal affreux,
Qu'il se fie à la Providence!

Puis, il est féroce, vraiment!
Ses mœurs sont très-intéressées
Car il achève ses blessés
Pour épargner leur traitement.

N'en jugez donc point sur sa mine.
Il n'a, certes! rien d'un mouton,
Témoin ce pauvre hanneton
Qu'on égorge pour leur cuisine.

Il voulut reprendre son vol,
Mais on le retint par les pattes,
Et trente fourmis scélérates
Le fixent, attaché au sol.

En achevant ce monologue,
Le butor bailla longuement,
Et demeura sans mouvement,
Tout en prenant un air très-rogue.

Un insecte passant par là,
Vint à lui — c'était une abeille!
Or, voici comment à l'oreille
Cette ouvrière lui parla:

Les fainéans — c'est l'ordinaire —
Tout en se disant les meilleurs,
Jettent la pierre aux travailleurs
Pour s'excuser de ne rien faire!

Ch.-L. de Bons.

LE CHAMP MAL GARDÉ.

Certain propriétaire avait près du village
Un champ dans lequel il plantait,
Pour les besoins de son ménage,
Des légumes, du blé, pas plus qu'il n'en fallait.
Comme il jugeait autrui sur sa bonne nature,
Son champ n'avait pas de clôture ;
Il le laissait à la garde de Dieu
Et du garde-champêtre en office du lieu.

Malgré sa confiance et le garde-champêtre,
Il voyait sa salade et ses choux déguerpir,
Et c'était en poussant un pénible soupir
Qu'il songeait au larron sans pouvoir le connaître.

Un jour, trouvant le garde, il lui dit vertement :
— Ivrogne, c'est ainsi que tu veilles ma pièce !
Je suis pillé, volé chaque jour dextrement
Tandis qu'au cabaret tu te tiens en liesse.
Je te forcerai bien à remplir ton devoir
A surveiller mon champ, t'en faire le concierge.
— Par quel moyen sur moi prendrez-vous ce pouvoir ?
— J'y ferai bâtir une auberge.

Méril Catalan.

LE CHATEAU DE SOYHIÈRES.

A quatre kilomètres de la ville de Delémont en descendant la Birse, s'élevait autrefois, sur une colline dominant la route et la vallée, le manoir des hauts et puissants seigneurs, comtes de Soyhières, ou de Sogren.

L'origine des comtes de Soyhières remonte à l'invasion des Barbares, et les actes de brigandage commis dans la suite des temps par bon nombre d'entre eux, semble indiquer qu'ils tendaient constamment à se rapprocher de cette origine, à mesure que les siècles les en éloignaient. L'histoire signale cependant d'honorables exceptions à cette régle.

L'un de ces seigneurs avait pris le parti de l'empereur Henri IV contre le pape Grégoire VII et, de concert avec l'évêque de Bâle, qui tenait aussi pour l'empereur, il avait chassé de leur monastère les bénédictins de l'abbaye de Grandval, dévoués à Grégoire.

Frappé d'anathème après le triomphe de la politique papale, le comte ne se rendit pas à Canossa, comme son suzerain; mais il demanda l'absolution à distance et la paya en monnaie de cette époque, c'est-à-dire par des dotations à de nouvelles abbayes et des cessions de terres aux représentants de la sainte Eglise.

Son épouse, la comtesse Adélaïde, était entièrement à la dévotion de son confesseur, qui lui fit comprendre un beau jour que les sacrifices du comte en faveur de trois congrégations de moines le relevaient bien de l'anathême, mais ne suffiraient pas pour le faire entrer en paradis, de sorte qu'en perspective du bonheur éternel il pouvait et devait donner une dernière preuve de bon vouloir en instituant un monastère de nonnes.

De l'oreille gauche de la comtesse cette insinuation passa dans l'oreille droite du comte, selon l'usage que nos pères nous ont légué. Le comte fit d'abord la grimace, mais Adélaïde y mit tant d'insistance qu'il fallut céder, et le confesseur de madame s'arrangea de manière à ce que le comte choisit *de son plein gré* pour l'installation du couvent, le domaine qu'il possédait sur les bords de la Lucelle, à deux heures de marche de Soyhières.

Le comte avait un fils unique, Albert, qu'il aimait à la fois du cœur d'un père et du cœur d'un noble jaloux de perpétuer sa race. Albert de Soyhières était l'idole de sa mère, à laquelle il n'avait de sa vie causé d'autre chagrin que celui qu'elle éprouvait en le voyant aller rarement à l'office du dimanche, plus rarement encore à confesse. Infatigable chasseur, beau cavalier, le jeune comte accepta volontiers le mandat qui lui fut donné de diriger les travaux de construction du monastère, car il trouvait dans les giboyeuses forêts de la Lucelle ample satisfaction de ses goûts cynégétiques, tandis que la promenade à travers monts et vaux, dans une contrée pittoresque, convenait on ne peut mieux à l'ardeur de ses vingt ans.

Le jour de l'inauguration du monastère du *Klösterlein* fut un jour de liesse, et quand les nonnettes vinrent d'Alsace pour occuper leurs cellules, elles trouvèrent que le jeune comte avait fort bien fait les choses.

L'une d'elles, qui portait le nom d'Hildegonde, était fille cadette d'un noble et, selon l'usage, elle avait pris le voile pour laisser à son frère aîné le droit sacré de faire bombance avec l'héritage paternel. Belle et fraîche sous sa guimpe, Hildegonde ressemblait à une rose dans la neige. Le chevalier la vit et l'aima: la nonnette le trouva fort de son goût.

Les mœurs des couvents étaient, à cette époque, beaucoup plus libres qu'elles ne le sont aujourd'hui. Au demeurant, le jeune comte, fondateur du monastère, jouissait du privilège de pénétrer dans le parloir quand bon lui semblait, et pourvu que les dons en nature, tels que chevreuils, perdrix et brocs de vin ne fissent point défaut, la supérieure fermait volontiers les yeux, sur l'inclination que les deux jeunes gens manifestaient l'un pour l'autre.

Durant quelques lunes, aucun incident ne vint troubler les amours de ces deux cœurs faits pour s'aimer, et le comte Albert songeait sans doute aux moyens de relever de ses vœux sa chère Hildegonde, quand le destin jaloux, sous la forme du supérieur du couvent des bernardins de Lucelle et confesseur de madame la comtesse, interrompit soudain ce doux gazouillement.

Le vieux comte de Soyhières fut averti des écarts de son fils, auxquels la crainte de nouvelles expiations ruineuses lui fit seule attacher une importance réelle. Il tança vertement le jeune homme en présence du moine, et quand il fut seul avec son enfant il redevint un père affectueux, mais, par raison plutôt que par ferveur religieuse, il l'envoya bien loin, en mission, sans lui permettre de revoir Hildegonde.

Que devint la pauvre nonnette durant cette longue absence? Quelles pensées assiégèrent son âme quand elle se vit abandonnée par son bien-aimé? La tradition ne nous le dit pas, mais comme les mouvements de l'âme sont les mêmes en tout temps et en tout lieu, nous n'avons que faire de l'histoire pour nous renseigner sur ce point.

*　　*　　*

Au moment où commence notre récit, l'automne a jeté sur les forêts les teintes diverses de sa riche palette. Chaque feuillage a sa nuance et se détache en vert, en jaune, en rouge, sur le gris foncé d'un ciel couvant l'orage.

Deux cavaliers suivent, au pas de leurs coursiers, le défilé qui serpente le long de la Birse, et, remontant la rivière, ils s'approchent de l'endroit où celle-ci se précipite sur un banc de rochers.

Le plus jeune est le comte Albert de Soyhières; l'autre est son écuyer, son fidèle Burkhardt, qui l'a vu naître et ne l'a jamais quitté.

De douloureuses pensées assombrissent le visage du comte, qui reprend par instants son expression ordinaire de douceur quand une lueur d'espoir le détache des préoccupations auxquelles le jeune homme est en proie. Hildegonde ! ce nom s'échappa de ses lèvres et le moindre plissement de son front, le moindre soupir sortant de sa poitrine semblent le répercuter.

A l'endroit où la Lucelle unit ses ondes bouillonnantes aux eaux plus calmes de la Birse, les deux cavaliers se séparent. L'écuyer prend la droite et son maître, après un vigoureux serrement de mains, continue sa route, traverse, sans les honorer d'un regard, les lieux chéris de son enfance, et s'arrête devant le pont-levis du château paternel.

Un son de trompe bien connu lui fait ouvrir la porte du manoir, et bientôt la comtesse serre dans ses bras ce fils, dont elle est séparée depuis plus de deux ans. Le comte est à la chasse avec les seigneurs de Thierstein, de Zwingen, de Dorneck et d'autres illustres barons, dont l'habitude est de ne quitter le hanap que pour le cor de chasse et le cor de chasse que pour le hanap.

Albert répond de son mieux aux tendres embrassements de sa mère, mais son front ne se déride pas. Une pensée poignante l'absorbe : qu'est devenue Hildegonde ? Et cette pensée il ne peut l'exprimer en présence de la dévote comtesse.

La nuit vient, couvrant de son ombre les verdoyants pâturages et les sombres forêts. Tout semble sommeiller au château de Soyhières et dans les pauvres maisons de paysans que dominent ses tourelles et ses créneaux; mais le jeune comte ne dort pas : il s'est glissé furtivement dans les écuries, a sellé le cheval qui le conduisait autrefois à Lucelle, et, sortant du château grâce aux complaisances d'un valet, il a pris le chemin du Klösterlein.

La foudre gronde, les nuages se combinent et se rapprochent des hautes cimes, l'éclair sillonne la nue et de larges gouttes de pluie traversent l'épaisse ramure des sapins. Le chevalier poursuit sa route, rassure son coursier de la voix et du geste toutes les fois que l'air est ébranlé par une commotion électrique.

De l'autre côté du petit pont de bois sur la Lucelle, le sentier, couvert de ronces et de mousse, disparaît; aux tiges flexibles des jeunes hêtres succèdent les troncs serrés des sapins.

Pas d'issue.

Quelle nuit !

Et pourtant il faut que le jeune comte atteigne le but de sa course : il y va de son bonheur.

Tout-à-coup, quand le ciel et la terre semblent s'être ligués contre lui, son oreille perçoit le bruit d'un corps lourd qui se fraie un passage à travers le bois. C'est Burckhardt qui, nu-tête, sa longue barbe blanche à tous les vents, apparaît comme le génie de la tempête à la pétillante lueur des éclairs.

Attacher le cheval au tronc d'un robuste sapin est l'affaire d'un instant, et les deux hommes, après avoir échangé quelques mots, s'enfoncent plus avant dans le taillis.

Que se passa-t-il durant cette nuit ? Voici ce que rapporte la légende, que nous devons à la bienveillance du propriétaire actuel du domaine de Soyhières :

« Comme le jeune comte arrivait prés du monastère, l'orage redouble de furie. Il put cependant remarquer qu'aucune fenêtre du couvent n'était plus éclairée, pas même celle qu'il connaissait le mieux. Réduit à chercher un abri, il n'eut que le temps d'attacher son cheval sous le petit auvent placé à la porte de l'église et il se réfugia dans celle-ci pour échapper à la tempête. L'édifice était petit, mais suffisant pour quelques nonnes vivant bien seulettes dans cette vallée sauvage. Le comte entra dans la nef très obscure et se heurta contre un objet qui se trouvait au milieu. Ne sachant ce que pouvait être cet obstacle, il chercha de la main et crut sentir un cadavre. A l'instant brilla un éclair et le jeune homme entrevit le pâle visage d'une femme, dont le corps, couvert d'un blanc linceul était étendu dans une bière ouverte. Un second éclair accompagné d'un éclat de foudre lui permit de reconnaître les traits d'Hildegonde, sa bien-aimée.

« A cette vue, le chevalier poussa un cri qui réveilla une vieille nonne chargée de veiller la morte; mais, égaré par la douleur, il s'empara du cadavre, l'emporta hors de la chapelle, le plaça sur son cheval, se mit en selle en soutenant son précieux fardeau, et partit au galop. Depuis lors on ne l'a jamais revu, mais on rapporte qu'à certaines nuits, lorsque le torrent, grossi par l'orage, roule écumeux dans son lit de rochers, on voit passer un cavalier noir portant un fantôme blanc, et que la vision va se perdre dans les ténèbres.

« Cette version fut celle que donnèrent les nonnes; d'après une autre tradition, le comte était entré dans le monastère par une certaine fenêtre; il en était bientôt ressorti avec une nonne parfaitement vivante, et, l'ayant prise en croupe, il était parti au galop. Il s'était perdu dans l'obscurité, puis, le pont sur la Lucelle s'étant rompu par l'effort de l'eau débordée, cavalier, nonne et cheval avaient été précipités dans le torrent. »

*
* *

Le résultat de recherches minutieuses nous permet de rectifier et de compléter cette légende.

La comtesse Adélaïde fut fort en peine quand, le lendemain matin, son fils ne vint pas saluer son réveil. Elle s'assura que le jeune homme n'était plus au manoir et se mit à la fenêtre qui donne sur le Vorbourg, perçant de son regard de mère l'épaisseur des taillis. Tout était silencieux au-dehors, et la nature rassérénée brillait à travers les perles que l'orage avait déposées sur les arbres.

Huit heures se passèrent dans une vaine attente et le soleil descendait derrière la vallée de la Sorne, quand des pas se firent entendre sur les dalles du long corridor. Le supérieur des bernardins de Lucelle entra dans la chambre de la comtesse. La dure expression de son visage fit tressaillir la pauvre mère.

Le saint homme alla droit au but : il exposa les événements de la nuit, l'enlèvement de la nonne Hildegonde par le fils de la châtelaine, les recherches infructueuses qu'on avait faites pour s'emparer des fugitifs. Il déploya la sombre éloquence du prêtre revendiquant les droits de l'Eglise et menaça la comtesse des flammes de l'enfer, si des ordres n'étaient pas donnés sur le champ pour battre la campagne dans le vaste domaine de Soyhières, afin de mettre la main sur les coupables et de les livrer à la juridiction impitoyable du prince-évêque.

La comtesse se tordait les bras de désespoir, mais le terrible confesseur était là, ne la quittant pas du regard et complétant son œuvre par le tableau des peines éternelles.

Les terreurs de la dévote l'emportèrent sur les angoisses de la mère, et le moine obtint la direction des poursuites qu'on allait exercer contre le chevalier et la nonne.

Le supérieur était à peine sorti, que les gens du château conduisirent auprès de la châtelaine un vieux mendiant qu'ils avaient surpris, rôdant autour du mur d'enceinte. Ce mendiant n'était autre que le fidèle Burckhardt, qui, se jetant aux genoux de la comtesse, lui fit le récit des misères qu'endurait son fils, traqué comme une bête fauve et caché dans la partie la plus épaisse de la forêt avec sa bien-aimée mourante de peur dans ses bras.

Il ajouta que son maître connaissait une entrée secrète, par laquelle il se faisait fort d'entrer inaperçu dans le château, si sa mère consentait à le recevoir, à le protéger, à le cacher aux yeux de tous jusqu'à ce qu'on eût cessé les recherches. Le signal du pardon et de la délivrance était une torche placée, après le couvre-feu, sur la fenêtre du côté du couchant.

La malheureuse mère fondit en larmes. La damnation éternelle l'épouvantait, et son fils lui paraissait bien coupable d'avoir jeté les yeux sur une épouse du Christ; mais livrer, trahir, comdamner à la mort ce fils unique, sur lequel reposait tout l'espoir de la noble famille de Soyhières, le livrer à ses bourreaux au lieu de lui tendre une main secourable, c'était pire encore que les flammes de l'enfer.

Elle fit signe à Burckhardt de se retirer, pour rester seule à ses hésitations, à ses angoisses, à sa douleur.

La nuit vint sur ces entrefaites, une belle nuit dans les profondeurs de laquelle scintillaient des milliers d'étoiles. Deux fois la comtesse se dirigea vers sa fenêtre la torche à la main, deux fois elle recula frisonnante. Une lutte terrible se livrait dans son âme entre le mysticisme et l'amour maternel. Brisée par l'émotion, elle s'agenouilla devant son crucifix et sa tête tomba sur sa poitrine.

Elle était depuis quelques minutes dans cet état de prostration qui semble être une paralysie de la pensée, quand des aboiements se firent entendre au pied de la colline, du côté des cabanes de Soyhières. Les gens envoyés à la recherche du jeune comte et de sa compagne se rapprochaient; quelques instants encore et les chiens allaient découvrir la retraite des fugitifs.

La comtesse secoua la torpeur qui s'était emparée de son esprit. La dévote s'était affaissée, la mère se relevait. « Mon enfant! » s'écria-t-elle, et d'un bond elle se précipita vers la fenêtre, d'où la torche répandit soudain an fond du taillis sa lueur vacillante.

* * *

A quelques jours de là, le comte revint de la chasse. Avec tous les ménagements désirables, son épouse le mit au courant des faits. Il se montra d'abord courroucé contre son fils, mais quand il eut senti les lèvres de ce seul rejeton de sa race, se coller respectueusement sur sa main et qu'il eut vu les beaux yeux d'Hildegonde, à peine rétablie de ses poignantes émotions, il se radoucit, ouvrit ses bras au jeune couple et consentit à pardonner, pourvu que les moines n'en sussent rien.

Il mit cependant à sa clémence une condition : le chevalier coupable du rapt d'une brebis appartenant à l'Eglise devait se rendre auprès du Saint-Père pour racheter sa faute par les témoignages d'un repentir un peu suspect et par des libéralités qui ne gênent jamais rien, pas même dans les rapports avec le Vatican.

Ici finit le récit des amours du jeune comte de Soyhiéres avec la belle Hildegonde. Nos notes se terminent par cette conclusion consolante :

Le chevalier revint de Rome avec une dispense en bonne et due forme relevant Hildegonde de ses vœux. Le mariage se célébra dans la petite chapelle du château de Soyhières. Les deux amants reçurent ainsi le prix de leur constance et la plus douce, la plus généreuse des châtelaines fit oublier au monastère la perte d'une nonne qui n'était pas faite pour la vie religieuse.

A ceux qui ne voudront pas croire à tant de fidélité d'une part, à tant de tolérance de l'autre, nous
répondrons en modifiant quelque peu l'explication
du vieux capitaine :

> C'est bien avant le roi Henri,
> Messieurs, que se passait ceci !

Les tourelles et les créneaux du château de Soyhières sont tombés en ruines, mais grâce à son infatigable propriétaire actuel, M. l'ingénieur Quiquerez,
le chemin qui contournait la colline est rétabli, les
décombres se sont recouverts d'une végétation luxu-
riante et le plus délicieux musée d'antiquités a pris
la place du vieux donjon.

Les puissantes fondations du noble manoir présentent encore à l'œil du visiteur les vestiges des
oubliettes, du pont-levis et d'une chambre avec
deux fenêtres sur le couchant, qui rappellent à notre
esprit la lutte entre le cœur de mère et le confesseur
de la comtesse Adélaïde.

ELIE DUCOMMUN.

VIVE LE TRAVAIL!

(Air : à faire.)

Je suis heureux! Si la fortune
Pour moi n'eut pas de mois de mai
Tout me plait, rien ne m'importune,
Quand j'ai du travail je suis gai!
Pauvre ouvrier, chaque dimanche,
Un cigare et la canne en main,
Tout fier d'une chemise blanche,
Je chante ... j'aime ce refrain :
   Vive le travail! il me donne
    Un cœur serein, des bras nerveux :
    C'est une étoile qui rayonne
    Sur l'horizon des gens heureux.

Plaignons le riche qui s'ennuie,
Privilège des « fils de l'or » ;
Le ramoneur, couvert de suie,
Dit que la vie est un trésor :
Content de gagner sa journée,
Il racle, racle, et, tout poudreux,
Du sommet d'une cheminée,
Il jette au vent son chant joyeux :
   Vive etc.

— Un horloger, aux doigts d'artiste,
Dès l'aurore, à son établi,
Loin d'être heureux, me parait triste ;
Regardez donc ce front pâli!
— Pas du tout! La Chine réclame,
Au Jura, montres et bijoux ...
Comme on fera belle Madame,
Et comme on chante au Val de Joux :
   Vive etc.

Les mains sur le dos, dans la plaine,
Voyez le dimanche, au matin,
Un laboureur qui se promène ...
Voit-il l'alouette on le thym ?
Il sourit aux épis superbes,
Et même, je crois, au ciel bleu ...
« Combien, » dit-il, « de lourdes gerbes!
J'aurai du pain ... merci mon Dieu! ...
    Vive etc.

Adieu beaux jours des pâturages,
Le givre jaunit le gazon!
Le vacher pèse ses fromages
Et sourit à sa Louison.
Les yeux doux de la ménagère
Et peut-être un baiser diront:
« Merci Janot! dans la chaumière,
D'heureux jours encor se suivront! ...
    Vive etc.

A la vendange! qu'on s'éveille!
Préparez les tonneaux ... Allons
Cueillir la grappe, elle est vermeille,
Comme l'aurore, îles, vallons!
Nous tous ... dont la sueur arrose,
Ateliers, manuscrits, sillons,
Nous n'avons apris qu'une chose:
La vie est belle ... travaillons!
    Vive etc.

F. Oyex-Delafontaine.

BIENTOT.

Sur les cimes, la paix
Repose.
Pas un souffle aux forêts.
L'oiseau s'est tû ; la rose
Dort comme le cyprès.
De tes rêves sans nombre,
Pauvre cœur, est-tu las ?
Patience ! tu bats,
Bientôt tu dormiras
Dans l'ombre.

H.-Fréd. Amiel.

MONTREUR D'OURS

LE MONTREUR D'OURS.

C'est d'Orient surtout, que nous arrivent ces gens qui circulent en nos rues et offrent en spectacle, un malheureux plantigrade qui s'essaie aux exercices de chrorégraphie. Il nous en vient aussi de Savoie, des Pyrénées et même du Jura, mais le véritable conducteur d'ours vient de l'Orient. Là-bas, dans ces villes si belles de loin, si tristes, si délabrées vues de près, le montreur d'ours armé d'un long bâton, poursuit sa course vagabonde de contrée en contrée. L'ours, c'est son capital, sa fortune, son gagne-pain, la malheureuse bête échinée, maigre, se prête tant bien que mal à l'exercice incessant auquel elle est condamnée. La foule des badauds accourt vers le grave habitant de l'Orient, regarde le disgracieux et lourd animal, les hommes et les femmes laissent rarement partir le montreur sans lui avoir donné quelques paras, car on est charitable en ces contrées où se pratique encore l'hospitalité biblique. — Cependant dans les villes turques, le montreur d'ours provoque parfois de véritables batailles. D'innombrables troupes de chiens errants, hurlent, en flairant un ennemi, la masse alors, s'attaque à l'ours, heureusement pour les assaillants, une boucle le retient par le nez, ou une forte muselière l'empêche de se défendre, mais il joue des griffes. Chaque coup porté, c'est un ennemi blessé, les ongles ouvrent la peau et font couler le sang, l'ours rugit, se dresse sur ses pattes, contre la meute aboyeuse, le montreur alors doit déguerpir en toute hâte, sans cela il aura à ses trousses des centaines de représentants de la race canine, qui protestent contre l'invasion d'un intrus. C'est dans les Karpathes ou dans les Balkans, que les montreurs se procurent les ours qu'ils font voir aux gens des villes. Très fréquents dans les montagnes de la Turquie d'Europe, on les prend très jeunes, alors ils sont familiers, joueurs, les instincts sauvages ne se développent qu'au fur et mesure alors que les crocs et les griffes grandissent.

LE PARTAGE DE LA TERRE.

(Traduit de Schiller.)

Humains, dit Jupiter, du sommet d'un nuage,
La terre sera à vous, je vous la donne à tous
En fief perpétuel et par droit d'héritage ;
En bons frères, arrangez-vous.

Jeunes et vieux, à ces mots tout s'agite et s'empresse ;
Le laboureur accapare le fertile guéret,
Le gentilhomme altier s'empare avec noblesse
Du droit de chasse en la forêt.

Le marchand voit déjà ses richesses entassées,
L'abbé choisit les vins, l'on voit aussi le roi
Barrière imposer sur les ponts et chaussées,
Disant: les péages sont à moi.

Tout est fait quand on voit le poète paraître
D'un pays éloigné revenu, mais bien tard;
Mais rien pour lui, chaque objet a déjà son maitre;
Tout humain a reçu sa part.

Quoi, faut-il que moi seul dans l'oubli tu me laisses?
Moi seul, grand Jupiter, ton plus fidèle enfant!
Il dit et près du trône accablé de tristesse,
Il se prosterne en gémissant.

Tu l'oubliais toi-même au pays des chimères
Lui réplique le dieu; pourquoi t'en prendre à moi?
Dis, où donc étais-tu quand j'ai doté tes frères?
Le poète répond: vers toi.

Des sphères écoutant la divine harmonie,
Contemplant ton visage austère et radieux;
A mon esprit ravi, ta grandeur infinie
A fait oublier ce bas lieu.

Que faire, dit le dieu, quand la terre est livrée?
Marchés, forêts, moissons, je n'ai plus rien à moi —
Mais lorsque tu voudras visiter l'Empyrée
Approche, il est ouvert pour toi.

AIMER ET SENTIR.

Quand avril, au souffle si doux,
Féconde une terre nouvelle
Et qu'il ramene, auprès de nous,
La violette et l'hirondelle...
Si tu ne sens pas dans ton cœur,
Vibrer cette corde secrète
Qui chante et l'amour et la fleur,
Comment comprendre le poète!

Quand un artiste, au chant divin,
Inonde les airs d'harmonie,
Qu'un orateur jamais en vain
Ne fait appel à son génie,...
Si tu n'entends pas, dans ton cœur,
Une voix, jusqu'alors muette,
De l'art proclamer la grandeur,
Comment comprendre le poète!

Quand Dieu te donne un nourisson
Que ta compagne aimée, admire,
En lui répétant la chanson
Qui le fait peut-être sourire...
Si rien ne fait battre ton cœur,
Et si penché vers la couchette
Tu ne bénis pas le Seigneur,
Comment comprendre le poète!

Quand on attend le doux retour
De l'être adoré qui nous donne,
En échange d'un brin d'amour,
Fleurs au printemps, fruits en automne...
Si tu ne sentais pas ton cœur
Palpiter, être l'interprète
D'un sentiment... du vrai bonheur,
Tu n'as pas l'âme du poète!

F. Oyex-Delafontaine.

LE BATELET.

(A un jeune couple.)

Vous qui partez pour de longs jours,
Jeunes fiancés, bon voyage!
Donne le ciel un doux sillage
Au batelet de vos amours!

Votre blanche voile se mire
Dans l'azur aux replis mouvants;
Vous partez sur la foi des vents:
Que les autans vous soient zéphyre!

Vous allez affronter le sort:
Que vos rames enrubannées,
Là bas, aux Iles Fortunées
Vous aident à trouver un port.

La vie est une mer profonde;
Mais, dans ce trajet hasardeux,
Si l'on aime et si l'on est deux,
On peut sourire au flot qui gronde.

Le destin mobile et jaloux,
Est désarmé par la tendresse;
Sans trembler donc, en votre ivresse,
Main dans la main embarquez-vous.

H.-Fréd. Amiel.

LA REMISE DU DRAPEAU.

CHŒUR DE SOLDATS. 1870.

Vous que la Suisse arma du glaive
Pour protéger notre berceau,
Enfants de la libre Genève,
Mettez les armes en faisceau,
De nous tous le front s'illumine,
Pour le départ ou le retour.
Amis, posez la carabine,
Nous la prendrons à notre tour.

Quand, aux éclats de la tempête,
Autour de nous tremblent les airs ;
Quand nos grands monts, des pieds au faîte,
S'entourent d'un manteau d'éclairs,
La Suisse, inquiète mais fière,
Voit de ses fils grandir l'amour.
Soldats, passez nous la bannière,
Nous la tiendrons à notre tour.

Pour affronter, l'âme aguerrie,
En ces temps noirs, les coups du sort,
Communions à la Patrie,
Et dans la vie et dans la mort.
Scellant nos vœux, civique troupe,
Tandis qu'aux champs bat le tambour,
Frères, buvez à cette coupe,
Nous y boirons à notre tour !

H.-Frép. Amiel.

Table des matières.

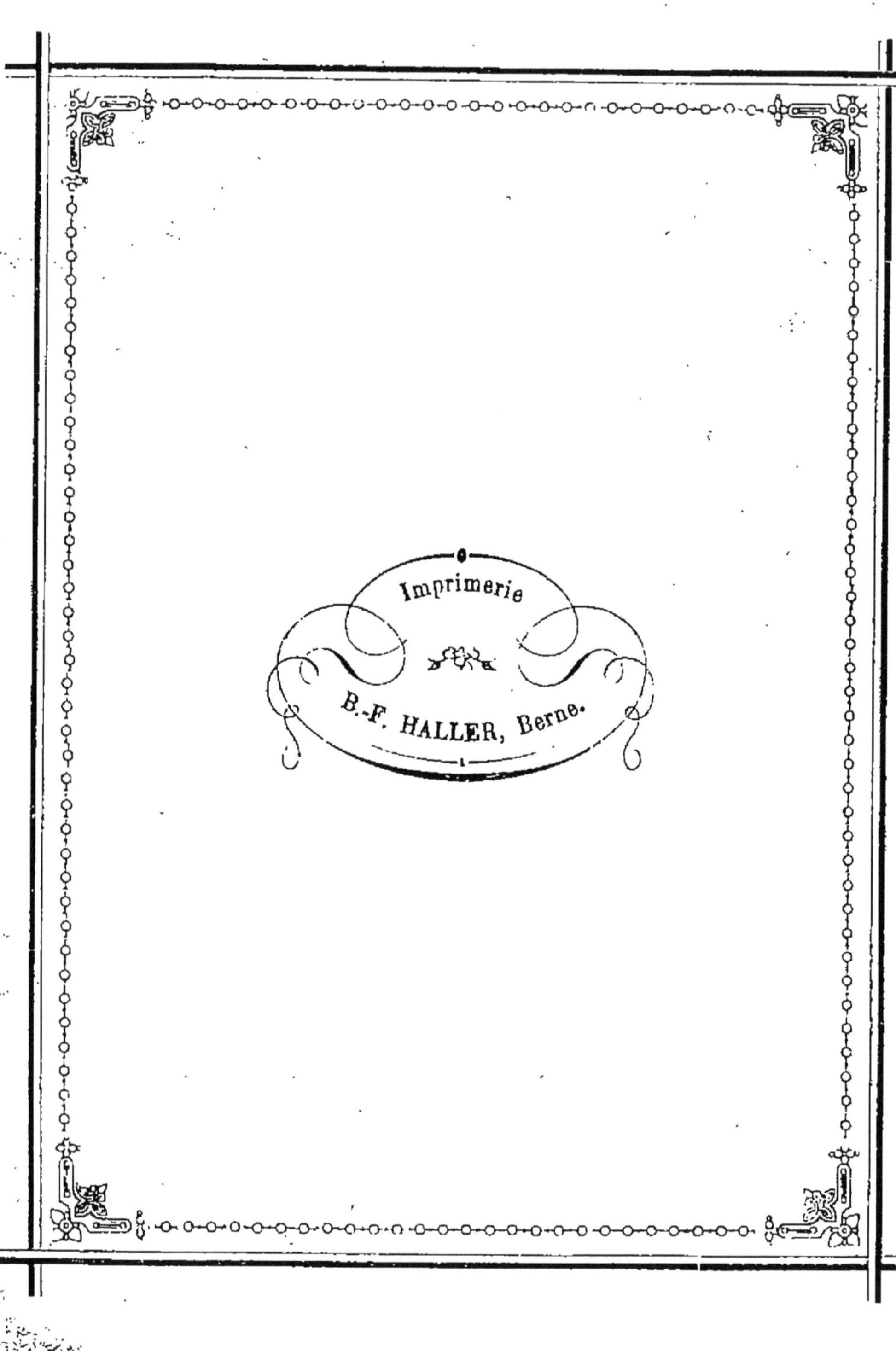
Imprimerie
B.-F. HALLER, Berne.

9 782019 920074